D1867037

tredition

Barbara Horvatits-Ebner

Südburgenland

75 Ausflugsziele zum Entdecken und Erleben

Barbara Horvatits-Ebner ist gebürtige Südburgenländerin und dort aufgewachsen. Auch wenn sie bereits seit vielen Jahren in der Steiermark lebt und arbeitet, so hat sie ihre Heimat dennoch nie aus dem Herzen verloren.

Neben ihrer hauptberuflichen Tätigkeit als Psychologin reist sie leidenschaftlich gern - hauptsächlich durch Europa - und schreibt auf ihrem Blog *reisepsycho.com* darüber.

Bisher ebenfalls erschienen:

- Arkadien und Cornetti - eine Italienreise auf Goethes Spuren

Über das Buch

Während es zahlreiche Reise–, Wander– und Ausflugsführer für diverse gut besuchte Regionen in Österreich gibt, findet man kein Buch, das sich touristisch mit dem zauberhaften Südburgenland beschäftigt. Das wollte die Autorin Barbara Horvatits-Ebner unbedingt ändern und stellt mit diesem Werk Ausflugsziele ihrer Heimat vor.

Es ist ein Buch mit 75 Tipps vom Günser Gebirge bis zur slowenischen Grenze, das sowohl Touristinnen und Touristen eine Inspiration sein soll, als auch für Einheimische die ein oder andere Überraschung bietet.

tredition

© 2024 Barbara Horvatits-Ebner

Website: *https://reisepsycho.com*

Druck und Distribution im Auftrag der Autorin:

tredition GmbH, An der Strusbek 10, 22926 Ahrensburg, Deutschland

ISBN

Paperback: 978-3-384-07551-2

E-Book: 978-3-384-07552-9

Das Werk, einschließlich seiner Teile, ist urheberrechtlich geschützt. Für die Inhalte ist die Autorin verantwortlich. Jede Verwertung ist ohne ihre Zustimmung unzulässig. Die Publikation und Verbreitung erfolgen im Auftrag der Autorin, zu erreichen unter: Barbara Horvatits-Ebner, Im Langfeld 28, 8410 Wildon, Austria.

Inhaltsverzeichnis

Ausflugsziele im Südburgenland (Fortsetzung)

Für meine Mama, mit der jeder Ausflug zum großen Abenteuer wird.

Vorwort

Auch wenn die Idee für diesen Ausflugsführer schon 2019 geboren wurde, so war es dann doch der Pandemiebeginn im Frühjahr 2020, der die Initialzündung dazu gegeben hat. Denn plötzlich war klar: Reisen wird erstmal nur im näheren Umfeld möglich sein, wer weiß, wie lange das mit den Grenzschließungen dauert. Und so haben Menschen plötzlich statt der großen, weiten Welt ihr eigenes Land besser kennengelernt.

Ich habe es mir damals zur Aufgabe gemacht, meine eigene Herkunftsregion, das Südburgenland, zu erkunden und zu dokumentieren. Schon bei der Planung aller Orte, die ich sehen sollte, wurde klar: Dieser Landstrich hat mehr zu bieten als erwartet! Wie oft habe ich gehört: „Südburgenland? Dort gibt's doch nix!“ Heute kann ich darauf antworten: „Und was es dort gibt!“. Wenn ich Bekannten, die wie ich aus Pinkafeld und Umgebung stammen, von den vielen Orten erzählte, die so auf meiner Liste standen, erntete ich staunende Gesichter. Kaum jemand hatte unsere eigene Region als so vielseitig im Kopf!

Warum aber wird das Südburgenland immer noch als so verwahrlost und vergessen wahrgenommen? Vielleicht deshalb, weil die untere Landeshälfte des Burgenlands touristisch lange nicht wirklich beachtet wurde. Da oben, da ist der Neusiedlersee, da konnte man schnell und einfach was machen draus, da tat man sich leicht mit Marketing. Den See kannten auch viele. Aber was wussten die Menschen vom Süden des Landes?

Als ich Pinkafeld 2006 in Richtung Graz zum Studieren verließ, schwappten mir viele Vorurteile und Klischees bezüglich meiner Heimat entgegen. „Das Burgenland ist ja nur flach“ war da noch das Harmloseste davon. Klar, wenn man nur die Steppe im Norden kennt, denkt man eben, das ganze Land sehe so aus.

Zunächst stimmte ich sogar noch in den Tenor mit ein, dass es im Südburgenland relativ langweilig ist. Dabei wusste ich einfach so vieles selbst nicht! Es wirkt ganz so, als hätte uns Südburgenländerinnen und Südburgenländern lange Zeit das natürliche Selbstvertrauen gefehlt, ganz offen hinauszuschreien, wie schön es bei uns ist!

Touristisch gesehen brachte erst der Thermentourismus ein wenig Schwung ins Geschehen, nur um dann wieder für einige Jahre zu stagnieren. Doch dann kamen die E-Bikes auf den Markt, und die regionalen Verantwortlichen taten das einzig Richtige: Sie setzten auf den Fahrradtourismus. Endlich konnte das Südburgenland auch mit etwas punkten! Der Trend zu Genussreisen kam auch gerade recht, so konnte der Wein gut vermarktet werden.

Und plötzlich zog die Region nicht nur Urlauberinnen und Urlauber an, sondern auch Menschen, die für immer ihre Zelte hier aufschlagen wollten. Baugrund war (und ist) hier günstig zu haben, doch das ist nicht das einzige Motiv für einen Umzug ins Südburgenland. „Ein Leben lang hatten wir die hohen Berg‘ vor der Nase, jetzt war uns dringend nach Hügelland und Sonne. Und es ist so schön ruhig und gemütlich hier!“, berichtete mir ein Ehepaar aus Tirol, das sich für ein Haus im Südburgenland entschieden hat.

Warum also sollten wir Menschen aus dem Süden des Landes nicht mit Stolz über unser kulturelles Erbe, die vorhandenen Naturschätze und alles, was unsere Region ausmacht, reden? Es gibt keinen Grund, sich zu verstecken. Wir mögen die Langsamkeit, das Unspektakuläre und Gemütliche erfunden haben - und das ist es doch genau, was so viele Menschen suchen! Das Südburgenland muss sich nicht zu einer Region entwickeln, die Action bietet oder sich in elitäres Gewand kleidet. Bei uns darf man stehenbleiben und mit den Bankerlsitzern im Ort tratschen, einfach durch Wälder streifen und Rehe beobachten oder sich herzlich über die lokalen Laientheater amüsieren.

Langweilig wird einem hier trotz aller Gemütlichkeit nicht. Es gibt zahlreiche kleine Museen, wunderschöne Burgen und Schlösser, spannende Wanderwege, geschichtsträchtige Plätze und natürlich viele kulinarische Schmankerl, die sich zu kosten lohnen.

All das möchte ich euch, liebe Leserinnen und Leser, liebe Reiselustigen und Einheimische, näher bringen. Euch von all den interessanten und schönen Orten erzählen, die man im Südburgenland besuchen kann und sollte. Und vielleicht auch euer Bild von dieser Region nachhaltig verändern, so wie ich mir selber meines verändert habe.

Eine kleine Anmerkung sei mir noch erlaubt: Mein Recherchezeitraum erstreckte sich von 2020 bis 2022. Ich habe alle Informationen nach bestem Wissen und Gewissen geprüft, sodass sie bei Erscheinen des Buchs aktuell sind. Wie immer sind einige Dinge aber Veränderungen unterworfen. Falls es also irgendein Ausflugsziel nicht mehr gibt, sich Telefonnummern oder Öffnungszeiten ändern: Ich konnte es nicht voraussehen, bin aber um eine Info diesbezüglich dankbar, damit ich es in der nächsten Auflage ändern kann. Alle Preise beziehen sich auf Stand Anfang 2024.

Eine Karte mit einem Überblick über die 75 Ausflugsziele befindet sich am Ende dieses Buches.

Wissenswertes über das Südburgenland

Ein Land versteht man durchs Entdecken - aber auch durch die Auseinandersetzung mit seiner Geschichte, seiner Kultur und seinen Möglichkeiten. Bevor es also an die zu entdeckenden Ausflugsziele geht, hier vorab ein paar grundlegende Informationen über das Südburgenland.

Die Sprache(n)

Auch wenn jeder im Südburgenland Hochdeutsch sprechen kann, so ist doch noch das Hianzische, ein regionaler österreichischer Dialekt, weit verbreitet. Dieser kann erstmal zu Verständigungsproblemen führen. Auch steirische Spracheinflüsse merkt man stark.

Neben Deutsch existieren übrigens auch noch Kroatisch und Ungarisch als Amtssprachen. Ob man sich in einer zweisprachigen Ortschaft befindet, verraten stets die Ortstafeln. Die meisten davon im Südburgenland sieht man rund um Weiden bei Rechnitz. Im Bezirk Jennersdorf gibt es gar keine zweisprachigen Gemeinden.

Feste

Das wichtigste regionale Fest ist Martini, der Tag des Schutzpatrons des Burgenlands. Rund um den 11.11. wird in den Gasthäusern das berühmte Martinigansl angeboten. In Pinkafeld findet der traditionelle Martinikirtag statt, in Rechnitz das Martiniloben.

Im Herbst gibt es zahlreiche Weinlesefeste in den Weinbergen. Etwa das legendäre Kellergassenfest am Eisenberg oder das Uhudler-Sturmfest in Heiligenbrunn. Das größte Festival in der Region - das ‚Picture on' in Bildein - findet jährlich Anfang August statt.

Die Landschaft

Viele verbinden mit dem Burgenland kilometerweite Ebenen. Dabei ist es nicht mal das flachste aller Bundesländer - das ist nämlich Wien. Gerade im Süden dominiert über weite Teile das Hügelland.

So befindet sich etwa der höchste Berg des Burgenlandes, der Geschriebenstein mit 884 Metern, im Süden. Auch die Ausläufer des südsteirischen Hügellandes machen das Radfahren zu einem durchaus sportlichen Unterfangen.

Die Landschaft des Südburgenlands wird dominiert von Äckern, Wiesen und Wäldern. Die Abwechslung dieser drei macht das typische Erscheinungsbild aus.

Die Batthyánys

Was die Habsburger für Wien und die Esterházys für das Nordburgenland, das sind die Batthyánys für den Süden. Das alte ungarische Adelsgeschlecht ist hier allgegenwärtig und hat das Südburgenland stark beeinflusst.

Im Jahre 1524 begannen sie durch den Erwerb der Herrschaft Güssing im heutigen Südburgenland deutliche Spuren zu hinterlassen. Viele Schlösser und Landsitze kamen im Laufe der Jahrhunderte hinzu. Die Familiengruft befindet sich immer noch in Güssing, wo auch die Grabstätte des seliggesprochenen Ladislaus Batthyány-Strattmann besichtigt werden kann.

Religionen

Wer aufmerksam durchs Südburgenland fährt, bemerkt, dass es auch in kleinen Dörfern meist zwei Kirchen gibt. Dies ist der Zugehörigkeit zu Ungarn zu verdanken, das religiös weit toleranter war als das habsburgerische Österreich. Bereits im 16. und 17. Jahrhundert war eine freie Ausübung des Glaubens möglich. So flohen etwa viele Juden nach ihrer Vertreibung 1496 aus der Steiermark ins Burgenland.

Neben den jüdischen Gemeinden waren auch evangelische Christen zahlreich vertreten. Noch heute beträgt ihr Anteil im Burgenland 11,4% (im Gegensatz zu 3,8% im gesamten Österreich).

Flüsse

Drei wichtige Adern fließen hier und entwässern die Landschaft des Südburgenlands: die Pinka, die Lafnitz und die Raab. Alle drei Flüsse sind wichtige Naturlebensräume und werden aber auch für Freizeitangebote wie Paddeln oder Fischen genutzt. Die Lafnitz ist über weite Strecken der Grenzfluss zur Steiermark, die Pinka stellenweise zu Ungarn.

Zahlreiche kleinere Bäche führen durch die Täler und formen ganze Landschaften, wie etwa der Zickenbach, der nur in Symbiose mit dem Moor, durch das er fließt, denkbar ist.

Kulinarische Spezialitäten

Ins Südburgenland kommt man vor allem, um zu genießen: die Ruhe, den Wein und die lokale Kulinarik. Stark beeinflusst von der ungarischen und bäuerlichen Küche, finden sich hier ganz besondere Spezialitäten.

Dazu gehören etwa Bohnensterz & Bohnensuppe, Grammelpogatscherl, der Moorochse und die Weidegans sowie die typische burgenländische Hochzeitsmehlspeise und der Uhudler. Abseits des Weines findet man auch hervorragendes Bier und Most.

Radfahren

Über 30 ausgewiesene Radrouten finden sich im Südburgenland. Die längste ist die Paradiesroute, auf der man die gesamte Region einmal umrundet – stolze 260km spult man da auf seine zwei Räder. Sie führt zunächst an der steirischen, dann an der ungarischen Grenze entlang, viele sehenswerte Orte liegen auf ihrem Weg.

Wer lieber kleinere Tagestouren macht, hat die Wahl: Ob z.B. Uhudlerradweg, Wildparkradweg oder Pinkaradweg – zu erradeln gibt es hier genug. Seit kurzem kommen am Geschriebenstein auch Downhillfans auf den neu geschaffenen Mountainbikestrecken auf ihre Kosten. Eine Radkarte kann man auf *suedburgenland.info* downloaden oder bestellen.

Baden im Sommer

Auch wenn es an großen, natürlichen Seen fehlt, muss im Sommer im Südburgenland niemand auf den Sprung ins kühle Nass verzichten. In Königsdorf, Bernstein, Rechnitz, Neustift an der Lafnitz, Burg, Moschendorf und Rauchwart findet man tolle Badeseen.

Auch Freibäder gibt es einige, etwa in den Bezirkshauptstädten Oberwart, Güssing und Jennersdorf, aber auch in Bad Tatzmannsdorf oder Neuhaus am Klausenbach. In Oberschützen befindet sich sogar das älteste Freibad des Burgenlandes.

Einkaufen

Natürlich wachsen sie auch im Südburgenland wie die Pilze aus dem Boden: Die vorstädtischen Einkaufszentren, für deren Besuch man zwingend ein Auto braucht, wie etwa das EO in Oberwart.

Viel authentischer kauft man aber in den 17 Bauernläden und auf den Bauernmärkten ein. Auch lokale Großproduzenten wie Wolf Nudeln oder Vossen sowie etliche Obst- und Weinbauern verkaufen ihre Güter im Direktvertrieb vor Ort.

Südburgenland im Winter

Die typische Reisesaison ist der Winter fürs Südburgenland nicht. Viele Museen sind geschlossen, die Golfsaison ist vorüber und Feste sind eher rar. Aber gerade deshalb lohnt sich ein Besuch in der ruhigen Zeit.

Im Dezember gibt es einige schöne Christkindlmärkte im Land, etwa in Pinkafeld, Bad Tatzmannsdorf oder im Schloss Tabor. Die Thermen bieten wohlig warme Atmosphäre, und ein Spaziergang über winterliche Felder sorgt auch für innere Ruhe. Auch Eislaufen und romantische Winterkutschenfahrten sind möglich.

Wichtige Adressen und Infos

Tourismusbüros:

- Güssing: Hauptplatz 7 | +43 57 / 610
- Jennersdorf: Kirchenstraße 4 | +43 57 / 610 410
- Stegersbach: Thermenstraße 12 | +43 57 / 610 310
- Bad Tatzmannsdorf: Joseph-Haydn Platz 3 | +43 3353 / 7015

Naturparkbüros:

- Naturpark Weinidylle: Pinkataler Weinstraße 1, Moschendorf | +43 3324 / 6318
- Naturpark Raab-Örség-Goricko: Kirchenstraße 4, Jennersdorf | +43 660 / 1171282
- Naturpark Geschriebenstein-Írottkő: Hauptplatz 10, Rechnitz | +43 3363 / 79202 35

Krankenhäuser:

- Krankenhaus Oberwart: Dornburggasse 90 | +43 5 7979 / 33000
- Krankenhaus Güssing: Grazer Straße 15 | +43 5 7979 / 31000

Burgenland-Card

Die Burgenland-Card gibt es für Urlauberinnen und Urlauber, die in einem Partnerbetrieb übernachten. Damit erhält man Ermäßigungen in diversen Betrieben und kostenlosen Eintritt in viele Attraktionen.

Routen-App

Die App „Burgenland Erlebnistouren" zeigt Wander- und Radrouten an sowie Ausflugsziele und Übernachtungsmöglichkeiten.

Urlaubsplanung und Information

Auf der Homepage *suedburgenland.info* sind viele Unterkünfte aufgelistet und man hat die Möglichkeit, über die Seite zu buchen. Außerdem gibt´s hier Prospekte und Karten (wie zum Beispiel die Radwege-Karte) zum Download sowie Infos zu Gutscheinen und Öffi-Anreise. Auch alle E-Bike-Verleihstellen sind dort aufgelistet.

Die Seite *erlebnisparadies.at* stellt südburgenländische Betriebe vor, bei denen es nicht nur etwas zum Kaufen, sondern auch zum Erleben gibt. Einige dieser Betriebe werden hier im Buch vorgestellt.

Öffentliche Verkehrsanbindung

Eine Zuganbindung gibt es leider nur noch ganz im Süden in den Orten Jennersdorf und Mogersdorf. Von Graz kommend existiert eine Busverbindung mit dem „Südburgenlandbus" in Teile des Landes, von Wien fährt der B01 samt seinen Zu– und Abbringern hierher.

Dort, wo keine Buslinie existiert, gibt es das BAST (Burgenländisches Anrufsammeltaxi), für das ebenfalls die Tarife der VOR-Region sowie das Klimaticket gelten. Infos dazu gibt's auf *bast-burgenland.at.*

Alle Fahrpläne findet man auf *verkehrsbetriebe-burgenland.at.*

Ideale Ausflüge für ...

Hier gibt es jeweils drei Ausflugstipps für unterschiedliche Wünsche und Ansprüche. Einfach als Inspiration gedacht, wenn's mal schnell gehen muss.

... die ganze Familie

- Vogelturm Rechnitz
- Das Moor in Rohr
- Märchenpark Mühlgraben

... Kulturbegeisterte

- Haus der Volkskultur Oberschützen
- Geschichte(n)haus Bildein
- Schloss Tabor

... Sportliche

- Grenzwächter Wanderweg Kemeten
- Geschriebenstein
- Hochseilgarten Stegerspark

... Freunde von Steinen

- Felsenmuseum Bernstein
- Steinmuseum Csaterberg
- Stoagupf Jennersdorf

...Wasserratten

- Willersdorfer Schlucht
- Therme Stegersbach
- Paddeln auf der Raab

...Weinliebhaber

- Rechnitzer Weinberg
- Deutsch Schützen - Eisenberg
- Uhudlerviertel Eltendorf

... Kirchenbewunderer

- Gotische Kirche Mariasdorf
- Romanische Kirche Zahling
- Kirche St. Emmerich Inzenhof

... Feinschmecker

- Aloisia Mehlspeisen Badersdorf
- KOI in Rotenturm
- Fritz Mühle in Rudersdorf

... Ruinenbesucher

- Burgruine Neuhaus
- Bunker 2. WK in Deutsch Minihof
- Die Römer in St. Martin

... Museumsfans

- Auswanderermuseum Güssing
- Stadtmuseum Pinkafeld
- Landtechnikmuseum St. Michael

... Friedhofsgeher

- Batthánygruft in Güssing
- Hügelgräber Schandorf
- Jüdischer Friedhof Oberwart

... Historische Schauplatzjäger

- Schlösslberg in Mogersdorf
- Grenzerfahrungsweg Bildein
- Kreuzstadl Rechnitz

... Traditionsbewusste

- Freilichtmuseum Bad Tatzmannsdorf
- Freilichtmuseum Gerersdorf
- Kellerviertel Heiligenbrunn

... Naturmadln und –burschen

- Baumwipfelweg Althodis
- Schachblume in Luising
- Wanderungen in Burgauberg

uhudler

Ausflugsziele im Südburgenland

1 Felsenmuseum Bernstein

Das Felsenmuseum in Bernstein ist eines der größten Museen im Südburgenland. Auf über 1000m² kommt man hier dem Bergbau der Region, dem Edelserpentin und anderen Gesteinen näher.

Der Ort Bernstein ist untrennbar mit dem Bergbau verbunden. Bereits seit dem 12. Jhd. wurde hier Eisen, Gold und Silber abgebaut. Auch die Serpentinvorkommen sind reich. Dieses Gestein ist für die Berühmtheit des Ortes verantwortlich.

Im Laufe des 19. Jhds. nämlich entdeckte man darin Einschlüsse von Edelserpentin, welches jadeähnlich grün und rein schimmert. Josef Höfer, ein Vorfahr des Edelserpentin-Künstlers Otto Potsch, erkannte, dass sich der Stein vielfältig bearbeiten lässt. Viele Werke von Potsch sind in einer eigenen Ausstellung hier im Felsenmuseum zu sehen.

Weitere Tipps für Bernstein

- Burg Bernstein (S. 28)
- Römische Hügelgräber
- Einkehr: Café Postkastl & Restaurant Pannonia

Neben der Geschichte des Edelserpentin, das nur hier in der Region vorkommt, beschäftigt sich das Museum aber auch mit dem Bergbau allgemein. Im Schaubergwerk erfährt man alles über alte und neue Abbaumethoden, auch seltene Gesteinsfunde aus Österreich sind hier ausgestellt.

Der Ort Bernstein verdankt seinen Namen übrigens nur indirekt dem gleichnamigen Gestein. Er lag an einem Seitenarm der Bernsteinstraße. In der Region selbst wurde nie Bernstein gefunden. Dennoch gibt es als Hommage an den Namen einen eigenen Ausstellungsraum zum fossilen Gold im Felsenmuseum.

Im Museum lassen sich gut und gerne zwei Stunden verbringen, und wenn man damit fertig ist, fühlt man sich wie ein Gesteinsexperte. Hübschen Schmuck aus Edelserpentin kann man übrigens im Museumsshop kaufen.

Das Felsenmuseum Bernstein am Hauptplatz |

Das Schaubergwerk im Museum | Eine Skulptur von Otto Potsch aus Edelserpentin

Infobox

Öffnungszeiten: 1.3. bis 23.12. täglich von 9-17 (bzw. im Sommer bis 18) Uhr, dazwischen gegen Voranmeldung

Eintritt: Erwachsene 11€, Kinder 7€ | 50% Rabatt mit Burgenland Card

Kontakt: *felsenmuseum.at* | +43 3354 / 6620

Parken: Direkt vor dem Museum am Hauptplatz oder in der Burgenlandstraße

2 Burg Bernstein

Sie thront über dem Tauchental und ist die höchstgelegene Burg des Burgenlandes: Burg Bernstein. Die außergewöhnliche Festung hat beeindruckende Geschichten zu erzählen und ist Hotel, Garten und Sehenswürdigkeit zugleich.

Es würde den Rahmen sprengen, die gesamte bewegte Geschichte der Burg Bernstein hier zu erzählen. Die ältesten Mauern stammen aus dem 11. Jhd., die erste urkundliche Erwähnung geschah im Jahr 1236.

Im Laufe der Jahrhunderte wechselte die Burg immer wieder die Besitzer. Mal gehörte sie den Ungarn, mal den Güssingern, ehe die Burg 1644 von den Batthyánys gekauft wurde.

Seit über 100 Jahren ist die Burg in Besitz der Familie Almásy. Das berühmteste Mitglied der Familie - László Almásy - kennt man aus dem Film „Der englische Patient".

Weitere Tipps für Bernstein

- Felsenmuseum (Seite 26) und Planetenwanderweg (Seite 30)
- Beim Madonnenschlössl vorbeischauen
- Einkaufen: Hatwagner (Fleisch), Habeteler (Mineralien), Koll (Backwaren)

Betritt man den Burghof, fällt einem sofort die üppige Bepflanzung auf. Im 17. Jhd. wurde hier anstelle der Verteidigungsanlagen ein naturnaher Felsengarten angelegt, der bis heute besteht.

Im 20. Jhd. baute die Familie Almásy Burg Bernstein zu einem Hotel aus. Nirgends im Südburgenland schläft man so herrschaftlich wie hier.

Aber auch Ausflugsgäste können einen Blick in den Festsaal oder die Kapelle werfen, wenn sie an einer der Führungen teilnehmen. Diese finden mittwochs bis sonntags immer um 11 Uhr statt, Treffpunkt ist im Burghof. Dabei erfährt man mehr zur Geschichte der Burg und auch den Grund, warum der Garten nie gegossen werden muss.

Apropos Garten: Man kann bei der Biologin Johanna Almásy auch eigene Naturführungen buchen.

Die Burg vom Planetenweg aus gesehen |
Das Burgtor | Entspannen im gemütlichen Burghof

Infobox

Führungen: Von Mai bis 6. Oktober Mi bis So um 11 Uhr

Eintritt: Erwachsene 19€, ermäßigt 16€ (mit Getränk 5€ bzw. 3€ Aufpreis)

Zimmerpreise ab 345€ pro Nacht für 2 Personen inkl. Frühstück

Kontakt: *burgbernstein.at*

Parken: Für Burggäste gibt es Parkplätze direkt an der Zufahrtsstraße

3 Planetenwanderweg

Wie groß ist unser Sonnensystem eigentlich? Eine Frage, die zwar zu beantworten ist, jedoch sind für die meisten die Zahlen nur schwer greifbar. Der Planetenwanderweg in Bernstein schafft Abhilfe.

Der Planetenwanderweg in Bernstein ist zwar nicht der einzige seiner Art in Österreich, aber mit Sicherheit einer der schönsten.

Im Maßstab 1:1,1 Milliarde wird hier unser Sonnensystem abgebildet - oder besser gesagt, der Abstand der Planeten zueinander. So etwa ist der Weg von Merkur zur Venus recht kurz, während man von Saturn bis Uranus ordentlich Meter machen muss.

Auf einer Strecke von 5,5 Kilometern passiert man so Schautafeln unserer Planeten, die auf Steinen angebracht sind, auf denen man Fakten zu ihnen findet.

Weitere Wanderrouten in der Region

- Runde über Holzschlag vom Mostschank Bauerngartl und Kalkleiten
- Kienbergtour am Steinbruch Bernstein vorbei (W21)

Nur die Sonne hat ein ganz besonderes Modell bekommen: Der rot-gelb bemalte Eisenball ziert den Hauptplatz in Bernstein und ist auch der Startpunkt des Wanderwegs.

Auf diesem wandert man durch bewohntes Gebiet, vorbei am Naturbad Bernstein, durch Wälder und passiert üppige Wiesen. Vom höchsten Punkt der Wanderung - irgendwo rund um Neptun - hat man dann einen fantastischen Blick auf den Ort Bernstein und die Burg.

Spannend ist hier aber nicht nur die Reise durch den Raum, sondern auch durch die Zeit. Denn wer ca. 200m vor Uranus einen Abstecher weg vom Weg hinein in den Feldweg und Wald macht, kann die berühmten pannonischen Hügelgräber entdecken.

Insgesamt ist die Tour eine einfache Runde für die ganze Familie.

Planetenstation mit Rastplatz |
Die Sonne am Hauptplatz | Ausblick auf Bernstein

Infobox

Dauer der Wanderung: 1,5 Stunden

Höhenmeter: ca. 80hm

Parken: kostenlos am Hauptplatz Bernstein oder entlang der Burgenlandstraße

Tourenbeschreibung unter *www.komoot.de/smarttour/201927*

Ganzjährig begehbar

4 Willersdorfer Schlucht

Ein schattiger Graben für den Sommer, ein Pilzparadies und ein Dreiländereck: All das hat die Willersdorfer Schlucht zu bieten. Ohne große Aufregung entdeckt man hier die südburgenländische Natur.

Wenn man poetisch veranlagt ist, mag man meinen, die Willersdorfer Schlucht sei ein Produkt zweier Landschaften, die sich verbunden und dabei dieses Tal als Kind geboren haben. Geologisch betrachtet ist der Austreifen rund um den Willersbach ein Ausläufer der Buckligen Welt, der in der südburgenländischen Hügellandschaft endet.

Somit verfügt das Südburgenland zwar über keine alpine Klamm, jedoch über eine noch zu den Alpen gehörende Schlucht, die ein wichtiges Habitat für Flora und Fauna darstellt. Der Bach bietet dafür die nötige Feuchtigkeit.

Weitere Variante der Wanderung

Der W52 der Lauf- und Walkingarena führt durch die Schlucht, nach dem Dreiländereck biegt man nach Aschau ab und nimmt von dort den Weg zurück (insgesamt 1km). Schöner Aussichtsturm!

Doch nicht nur biologisch sind die etwa 6,5 Kilometer von Willersdorf bis zum Dreiländereck spannend, sondern auch historisch. Während man nämlich durch Au, Wald und Wiesen wandert, passiert man die heute im Privatbesitz befindliche Valtlmühle, die bereits verfallene Patrizl-Mühle sowie die nicht mehr existente Burg Willersdorf, um die sich die Sage des Schlosshansl dreht.

140 Meter höher als das Ende der Schlucht liegt dann das Dreiländereck. Hier treffen sich das Burgenland, Niederösterreich und die Steiermark. Dieser Punkt wird mit einem dreiseitigen Grenzstein und einem daneben stehenden Kreuz markiert.

Wer hier im Sommer Abkühlung sucht, sollte Nase und Augen offen halten: der Parasol, ein köstlicher Speisepilz, gedeiht hier prächtig.

Die schattige Schlucht |
Ein C-Falter begleitet den Weg | Der Grenzstein am Dreiländereck

Infobox

Dauer: zwischen 3 und 4 Stunden

Höhenmeter: 140hm

Parken: In Willersdorf entlang vom Willersbach

Tourenbeschreibung: unter *www.komoot.de/smarttour/4225563*

Ganzjährig begehbar; nach Regenfällen sehr feucht

5 Römerbrücke

Die Römerbrücke in Kroisegg bei Grafenschachen ist Enttäuschung und Geschichtenerzählerin zugleich. Bei einer kleinen Wanderung begibt man sich auf historische Pfade.

In Kroisegg findet man die sogenannte Römerbrücke, die aber gar keine Brücke aus der Römerzeit ist. Sie wurde um 1750 herum erbaut, als der Tabak- und Fässerhandel in der Gegend florierte. Das machte eine stabile Brücke über den Stögersbach notwendig.

Doch warum heißt sie Römerbrücke? Weil sie am Feldweg liegt, der zu Römerzeiten eine bedeutende Straße war. Diese führte bis zum Kalvarienberg in Pinkafeld.

Heute darf sie nicht mehr mit Autos befahren werden und steht unter Denkmalschutz.

Infobox

Wohin: In Kroisegg die erste Abzweigung rechts, Parkmöglichkeit nach ca. 200m. Dann zu Fuß 1km den Feldweg entlang

Weitere Tipps für die Region

- Einkehr beim Heurigenstadl Ehrenhöfer in Neustift a.d.L. - hier isst man warm und kalt
- Kalvarienberg in Pinkafeld (Seite 38)
- Im Sommer abkühlen im Badesee Neustift

6 Das Lampelfeld

Kaum ein Ort im Südburgenland ist so historisch bedeutsam wie das Lampelfeld in Pinkafeld. Auch wenn man heute nichts mehr davon sieht, aber das Wissen darum macht Gänsehaut.

Das Lampelfeld ist heute eine scheinbar unspektakuläre Ackerlandschaft zwischen Pinkafeld und Riedlingsdorf. Doch bereits in der Jungsteinzeit war es besiedelt, sogar eine 6000 Jahre alte Hütte fand man, außerdem Schlacken aus der Latènezeit. Das geschmolzene Norische Eisen wurde für Waffen gebraucht.

1459 ereignete sich hier die historische Schlacht zwischen Matthias Corvinus (Ungarn) und Kaiser Friedrich III. (Habsburg), woran heute noch das Schlachtenkreuz erinnert.

1944 war das Lampelfeld erneut Kriegsschauplatz: Ein deutsches Flugzeug wurde von den Amerikanern abgeschossen.

Weitere Tipps für die Region

- Die prähistorischen Funde gibt's im Stadtmuseum Pinkafeld zu bewundern (S. 36)
- Eine weitere Flugzeugabsturzstelle aus dem 2. WK befindet sich in Kemeten (S. 70)

Infobox

Wo genau liegt das Lampelfeld? Es befindet sich direkt unter dem Kalvarienberg zwischen der Austrotherm und dem Oberanger in Riedlingsdorf

7 Stadtmuseum Pinkafeld

Jungsteinzeit, Feuerwehr und Tuchmacherhandwerk - wie passt das zusammen? Nun, wenn man über eine so umfassende Geschichte verfügt wie die Stadt Pinkafeld, dann braucht man eben ein Museum mit mehreren Abteilungen.

Das Stadtmuseum Pinkafeld ist eine Perle unter den südburgenländischen Museen. Immerhin werden hier die verschiedensten Geschichten präsentiert und erzählt: Jene aus der Jungsteinzeit, von den Kelten, den Römern, aber auch den Straftaten vom Mittelalter weg bis zum wohl berühmtesten Straftäter der Stadtgeschichte, dem legendären Holzknechtseppl. Sein Schlüsselbund etwa ist hier ausgestellt.

Da Pinkafeld auch die älteste Feuerwehr des Burgenlandes hat, ist dieser natürlich auch ein Bereich gewidmet. Aufgrund der alten Kaserne findet man hier auch ein Garnisonsmuseum.

Weitere Tipps für Pinkafeld

- Lokalaugenschein im Lampelfeld (S. 35)
- Auf den Kalvarienberg (S. 38)
- Gut essen: Bistrot Ringhofer, Kosthaus, Pizzeria Fuith

Und weil die Geschichte der Stadt unweigerlich mit der Textilindustrie verbunden ist - es gab mehrere große Betriebe hier - kann man auch dazu etwas sehen und lesen. Außerdem gibt es wechselnde Sonderausstellungen zu Themen der Stadtgeschichte.

Neu ist übrigens der Geisterpfad, der hier seinen Ausgang nimmt: Acht kleine Statuen des Grünjankerl-Kobolds sind auf einer Route quer durch Pinkafeld verteilt. Mittels QR-Code kann man sich die Gruselgeschichten am Smartphone anhören und lernt gleichzeitig die Stadt kennen.

Spannend ist übrigens auch das Haus an sich: als Rindmaullsches Gutshaus besteht es seit Anfang des 17. Jhds. und war sowohl adeliger Landsitz, Landesgericht (der Pranger zeugt heute noch davon), Rathaus und Kindergarten, ehe 1989 das Stadtmuseum einzog.

Das Stadtmuseum (Rindmaullsches Gutshaus) von außen |
Alter Wagen der Feuerwehr | Eine Station des Geisterpfads mit der Grünjankerlfigur

Infobox

Öffnungszeiten: Generell von Mai bis Oktober: Sa & So von 14-17 Uhr, im Juli und August zusätzlich Do, Fr & Sa von 10-12 und 14-17 Uhr. Außerhalb der Saison und für Führungen Hr. Köberl kontaktieren unter +43 660 / 32 10 320

Eintritt: Erwachsene 5€ | Ermäßigt 2,50€ | kostenlos mit Burgenland Card

Homepage: *museumpinkafeld.at*

8 Pinkafelder Kalvarienberg

Hoch ist er nicht, der Kalvarienberg in Pinkafeld. Aber er bietet Interessierten, Gläubigen, Wanderern und Hungrigen ein spannendes Terrain, das eng mit der Geschichte der Batthyánys verknüpft ist.

Kalvarienberge als Erinnerung an den Leidensweg Jesu in Golgota gibt es viele. Einer davon ist jener im Südwesten Pinkafelds. Wie so oft auf solchen Bergen führt auch hier ein Kreuzweg hinauf, der im Lampelfeld gleich gegenüber vom Schlachtenkreuz seinen Ausgang nimmt. Wer genau zählt, wird nur 12 statt den üblichen 14 Stationen - in dem Fall hübsche Marterl mit Bilder aus Mosaik - zählen. Doch: Station 13 bildet die Kreuzigungsgruppe, Nr. 14 das Grabmal in der Kirche am Berg oben.

Diese trägt den Namen „zur schmerzhaften Mutter Gottes“ und wurde um 1748 erbaut.

Wanderroute rund um den Kalvarienberg

Vom Parkplatz beim Schlachtenkreuz aus den Kreuzweg hinauf zur Kirche, weiter Richtung Bauernhof Luif, den Weg entlang zum Niklashof, nach ca. 700m rechts abbiegen, über die Waldgasse retour

Verantwortlich für den Bau war Adam Batthyány, der Enkel des Gründers der Pinkafelder Batthyány-Linie. Er ließ auch die Einsiedelei gründen, die von Mönchen bewohnt wurde.

Heute lebt auf dem Gelände der Einsiedelei die Franziskusgemeinschaft, die sich größtenteils selbst versorgt und die Erlöse aus dem Verkauf ihrer Produkte spendet.

Apropos Produkte: Oben am Kalvarienberg lebt auch die Familie Luif, die einen Bauernhof und einen Mostschank betreibt. Regionaler essen als hier geht nicht! Das Brot wird frisch gebacken, der Käse ist selbstgemacht wie viele andere Speisen auch. Man kann hier auch Milch und Kartoffeln für zuhause kaufen.

Westlich vom Bauernhof verläuft übrigens die alte Römerstraße, die auf den Gerichtsberg führt.

Der Kreuzweg auf den Kalvarienberg | Die Gebäude der Franziskusgemeinschaft | Eine köstliche Jause im Mostschank Luif

Infobox

Öffnungszeiten: Kirche tagsüber begehbar, sonst bei der Franziskusgemeinschaft nachfragen | Mostschank ist 5x im Jahr ausg'steckt (siehe Homepage: *mostschank-luif.at*)

Parken: Unten großer Parkplatz bei der Austrotherm, oben beim Mostschank

Kreuzweg: Der hat sogar eine eigene Homepage mit Infos und Gebeten: *kreuzweg.online*

9 Die Zwiefler

Wenn Einheimische untereinander von den Zwieflern sprechen, wissen sie sofort, wer gemeint ist. Denn Riedlingsdorf ist im Land für seine Zwiebel weithin bekannt. Grund zum Weinen gibt es hier aber nicht.

Während man im Burgenland Ende der 90er bereitwillig zweisprachige Ortstafeln installiert hat, konnte man sich bisweilen zur Umbenennung von Riedlingsdorf in ‚Zwiefelcity' noch nicht durchringen. Dabei weiß jeder hier Lebende, wo sich besagter Ort befindet: Zwischen Pinkafeld und Oberwart nämlich.

Über viele Jahrhunderte war Riedlingsdorf ein wichtiger Bauernort in der Region. Die älteren Semester im Dorf können sich noch an die Bäuerinnen erinnern, die das Regionalprodukt Zwiebel am Markt in Oberwart verkauften, was dem Ort deshalb seinen Spitznamen einbrachte.

Das Zwieflerfest

Es findet meist alle zwei Jahre Mitte September statt, das nächste Mal 2026. Dabei handelt es sich um ein klassisches Dorffest mit Musik, Speis und Trank - und eben der großen Zwiebelkrone

Heute hat die Zwiebel nur mehr nostalgische statt landwirtschaftliche Bedeutung. Die ist aber dafür konsequent: Zwiebel im Wappen, Zwieflergutschein und das Zwieflerfest, das alle zwei Jahre stattfindet. Dafür werden dann auch wieder Zwiebel auf den Gemeindeäckern angebaut, von den Frauen geflochten und auf der großen Zwiebelkrone präsentiert, wo man sie dann meterweise kaufen kann.

Seit neuestem hat auch die kleine Schwester der Zwiebel, die Schalotte, ihre Bühne, nämlich am Schalotten-Rundweg. Auf 21 Stationen wird die vielseitige Geschichte des Ortes auf Schautafeln und mittels QR-Code durch Gedichte zum Anhören präsentiert. Dabei erfährt man auch etwas zum zweiten historischen Regionalprodukt: dem Wein. Das mit dem erfolgreichen Weinbau ist allerdings schon etwas her, nämlich gut 400 Jahre.

Zwiebelsackerl am Zwieflerfest |
Die vollbehangene Zwiebelkrone | Prospekt vom Schalotten-Rundweg

Infobox

Infos zum Schalottenrundweg: Ca. 15 Kilometer lang, eine Hauptroute, eine Nord– und eine Süderweiterung. Die Stationen gibt es auf der Homepage *schalotten-rundweg.at/index.php* zum Vor– oder Nachlesen

Einkaufen: ganzjährig Bauernprodukte einkaufen kann man im Bauernladen Zapfel in der Sägegasse 6 (Do geschlossen)

10 Gotische Kirche Mariasdorf

Sie ist ein Unikum im Südburgenland und steht präsent in der hügeligen Landschaft: die spätgotische Kirche zu Mariä Himmelfahrt in Mariasdorf.

Man sieht der Kirche den gotischen Ursprung an. Gebaut wurde sie im 15. Jhd., mehrere Umbauten im Inneren erfolgten. Ihr heutiges Aussehen gab ihr der ungarische Architekt Imre Steindl, der sie Ende des 19. Jhd. neugotisierte und so ein Denkmal schuf.

Denn - und das ist auch der Grund, warum man einen Blick hineinwerfen sollte - der Hochaltar, die Kanzel und das Taufbecken sind aus farbig bemalter Keramik (Majolika), welche aus Pécs stammt. Es ist die einzige Kirche dieser Art im Südburgenland.

Infobox

Infofolder zur Kirche liegen in dieser auf. Wer mehr wissen will, kann bei der Pfarre eine Führung buchen.

Tel. Pfarre Sekretariat: +43 3353 / 8289

Weitere Tipps für gotische Kirchen

Teilweise barockisiert, aber dennoch sichtbar gotischen Ursprungs ist die Pfarrkirche in Hannersdorf sowie die alte Martinskirche in Deutsch Schützen

11 Bergbaumuseum Goberling

Über 400 Jahre lang war die Gegend rund um Stadtschlaining ein bedeutendes Bergbaugebiet. Erinnerungen an diese Zeit gibt es noch in Goberling zu sehen.

Das kleine Bergbaumuseum in Goberling ist in einem alten Kühlhaus untergebracht. Neben diversen Arbeitsgeräten wie Lampen oder Schlägel wurde auch ein Stollen zur Anschauung nachgebaut. Auch eine Mineraliensammlung befindet sich hier, damit man auch erfährt, was in den Bergwerken ringsum abgebaut wurde.

Während im 15. Jhd. - als der Bergbau hier seinen Aufschwung erfuhr - vermehrt Erze wie Eisen, Kupfer und Silber das Produkt der Wahl waren, war es ab 1744 Antimon. Um 1900 wurden die Stollen aufgegeben, sie sind mittlerweile verfallen.

Weitere Tipps für die Region

- Auch um den Bergbau geht's im Felsenmuseum Bernstein (S. 26)
- Sehr sehenswert: die Burg Schlaining (S. 56)
- Das Werkschlössl in Bergwerk gibt's noch

Infobox

Öffnungszeiten: tägl. von 8-18 Uhr
Eintritt: regulär 3,50€, kostenlos mit BC
Führungen: buchbar im Tourismusbüro Stadtschlaining: Tel. +43 3355 / 2201-30; info@stadtschlaining.bgld.gv.at

12 Von Königen und Köhlern

Ober– und Unterkohlstätten tragen ihren Namen nicht umsonst: Hier waren einst emsige Köhler tätig. Doch nicht nur die: Auch Könige kamen dort ihres Weges. Ein Wanderweg ist nach dem berühmten Matthias Corvinus benannt.

Auf dem König-Corvinus Wanderweg, der in Oberkohlstätten startet und endet, kommt man auf 18 Kilometern an so manchen spannenden Punkten vorbei.

Die Gemeinde Unterkohlstätten vereint die Ortsteile Unter– und Oberkohlstätten, Glashütten bei Schlaining und Holzschlag - und alle Namen kommen nicht von ungefähr. In Glashütten wurde ab Mitte des 17. Jhds. Glas hergestellt, wofür man viel Holz schlug und zu Kohle weiter verarbeitete, um die Glasöfen zu betreiben. Heute kann man am Weg in Oberkohlstätten eine Köhlerhütte bestaunen.

Weitere Infos

- Einkehr: Gasthof Holzschuster in Unterkohlstätten
- Geführte Tour: Auf Anfrage beim Naturparkverein Unterkohlstätten unter +43 3354 / 8550

Oberkohlstätten ist auch der Startpunkt der Wanderung. Von dort folgt man dem Weg auf den Kleinen Hirschenstein, dann dem Bremsberg und dem Hohen Stein. Schließlich kommt man beim Königsbrunnen vorbei. Hier soll um 1460 der Schlaininger Burgherr Andreas Baumkircher mit dem ungarischen König Matthias Corvinus auf der Jagd Rast gemacht haben.

Der Weg führt weiter über den Hendlstein und den Königsbrunnbach entlang bis nach Glashütten, wo man nach Unterkohlstätten abzweigt. Dort wird man mit einem weiteren Handwerk der Region konfrontiert: dem Kalkbrennen. Der Schaukalkofen wird manchmal noch in Betrieb genommen, um den aufwändigen Prozess zu demonstrieren.

Am Feuchtbiotop und Kreuzweg vorbei verläuft der Weg wieder zum Ausgangspunkt zurück.

Ein Schauköhler gleich zu Beginn der Wanderung |
Der Kalkofen in Unterkohlstätten | Weg beim Königsbrunnen

Infobox

Dauer: gesamte Wanderung ca. 5,5h und 18,7km

Höhenmeter: 581hm

Parken: Beim ehem. Kohlstätterhof Kappel in Oberkohlstätten

Infos: Detaillierte Tourenbeschreibung auf Bergfex unter *https://bit.ly/41ah4Wt*
Mehr zu den Sehenswürdigkeiten auf der Homepage von Unterkohlstätten

13 Haus der Volkskultur

Das Haus der Volkskultur in Oberschützen verbindet alt und neu, Sprache und Kunst, Menschen und Bücher. Es beherbergt ein Museum, den Hianzenverein und noch mehr.

Anfang der 2000er wurde ein alter Arkadenhof um einen modernen Neubau ergänzt. Im alten Teil befindet sich das Heimathaus, ein Museum zu Ehren bedeutender Oberschützener.

Gottlieb A. Wimmer war in der ersten Hälfte des 19. Jhds. evangelischer Pfarrer hier und sorgte für den Ausbau des Bildungswesens und für Verbesserungen in der Landwirtschaft und der Gesundheit der Bevölkerung.

Franz Simon hat als Kunstlehrer im Realgymnasium das bäuerliche Leben des Südburgenlands zeichnerisch dokumentiert. Seine Werke sind im Museum zu sehen.

Weitere Tipps für die Region

Sehr guten Kaffee bekommt man im Kaffeeland Hainisch in Oberschützen, wo Kaffee selbst geröstet wird. Auch diverse Röst- und Baristakurse kann man hier absolvieren

In der Scheune gibt es eine Galerie zu bestaunen und auch das Volksliederwerk hat hier einen Sitz.

Besonders wichtig ist der im Haus ansässige Hianzenverein *Tuitsnatuits*, der sich um den Erhalt des burgenländischen hianzischen Dialekts bemüht. Dieser ist ein sogenannter Ui-Dialekt und hat seinen Sprachstamm im Ostmittelbairischen. Die bairische Besiedelung der Gegend erfolgte im 11. Jhd. - der Abgeschiedenheit und Bäuerlichkeit des Burgenlands ist zu verdanken, dass sich der Dialekt bis heute gehalten hat. Heute kümmert sich der Hianzenverein in organisierter Form um den Erhalt dieser für Außenstehende oft seltsamen Sprache.

Aber auch kulturelle Veranstaltungen finden im Haus der Volkskultur statt - Termine findet man auf der Seite des Vereins.

Das Haus der Volkskultur von außen | Ein altes Klassenzimmer im Museum | Der alte Innenhof mit den typisch burgenländischen Arkaden

Infobox

Öffnungszeiten Museum: März bis November Mo-Fr von 8:30-11:30 Uhr

Eintritt: regulär 3€, ermäßigt 1€

Parken: direkt vor dem Haus der Volkskultur möglich

Infos: *museum-oberschuetzen.com* sowie *hianzenverein.at/home.html*

14 Anschlussdenkmal

Es beschert vielen jedes Mal Gruselgänsehaut beim Vorbeifahren: Das Anschlussdenkmal in Oberschützen. Ein Relikt aus dunklen Zeiten, das heute ein Mahnmal ist.

Das Anschlussdenkmal ist ein trauriges Superlativ: Es ist das größte Denkmal seiner Art auf österreichischem Boden. Errichtet wurde es 1938/39, als Österreich sich Deutschland anschloss. Nach dem Zweiten Weltkrieg war die Frage: behalten oder abreißen?

Über Jahrzehnte zog sich die Diskussion, ein Tabu entstand, man wollte lieber vergessen. Wie überall in den Nachkriegsjahren schwieg man lieber, als aufzuarbeiten. 1997 wurde es zum Mahnmal gegen die NS-Herrschaft umgewidmet, heute beschäftigt man sich im Rahmen eines EU-Projekts damit. Ein Ort zum Nachdenken ist es allemal, wenn auch ein bedrückender.

Infobox

Das Anschlussdenkmal ist frei zugänglich. Parken am besten beim Friedhof. Infos gibt es auf den Schautafeln, Infosäulen sind geplant.

Weitere Tipps für die Region

- Das Haus der Volkskultur (S.46)
- Kulturangebot gibt's auch im KUZ
- Friedhofskirche St. Bartholomäus aus dem 13. Jhd. mit alten Fresken

15 Pralinenmanufaktur Spiegel

In Bad Tatzmannsdorf wartet eine Verführung der besonderen Art: In der Pralinenmanufaktur Spiegel kann man sich durch die spannendsten Sorten kosten.

Man hat hier in der Tat die Qual der Wahl: Über 50 Sorten an handgemachten Pralinen liegen in der Vitrine. Die Geschmackspalette reicht von Klassikern wie Haselnuss-Krokant bis hin zu regionalen Spezialitäten wie Uhudler-Ganache oder Edelbränden.

Wer nicht nur zum Naschen und kaufen kommen will, kann an einer Führung teilnehmen: Montag bis Freitag zwischen 10 und 16 Uhr darf man hinter die Kulissen schauen und Verkosten. Ein paar Pralinen aus der Vitrine gehen dann aber sicher noch mit heim!

Weitere Tipps für die Region

Ganz versteckt entlang der alten Bahntrasse, 50 Meter schräg hinter der Manufaktur, steht ein sowjetisches Bahnhofshäuschen - eine einstige Filmkulisse.

Infobox

Die Führung kostet 10€ für Erwachsene | kostenlos mit Burgenland Card. Anmeldung erforderlich unter +43 3353 / 8482. Fam. Spiegel betreibt hier auch ein Hotel - Frühstück mit Pralinen sozusagen!

16 AVITA Therme

Die AVITA-Therme ist eine von zwei Thermen im Südburgenland. Das großzügige Gelände hält eine Vielzahl an Becken und Arealen bereit. Hier kann man herrliche Wintertage verbringen und muss auf keinen Luxus verzichten.

Als die Thermalwasserquelle 1988 entdeckt wurde, förderte man bereits zwei andere Heilmittel im Kurort Bad Tatzmannsdorf: Heilmoor und kohlensäurehaltiges Heilwasser. Das Thermalwasser, das mit 34°C aus 896 Metern Tiefe an die Oberfläche sprudelt, ist mineralisch, schwefel– und radonfrei und hilft gegen Leiden am Bewegungsapparat sowie bei Erschöpfungszuständen.

Somit war der Grundstein für die heutigen Wellnesseinrichtungen in der Gemeinde Bad Tatzmannsdorf gelegt. Unter diesen befindet sich auch die AVITA Therme.

Weitere Bademöglichkeiten im Winter

- Bad Tatzmannsdorf: Reduce Gesundheitsresort & Reiters Reserve (Hotels)
- Therme Stegersbach (S. 94)
- Hallenbad Pinkafeld

1995 wurde sie unter dem Namen ‚Burgenlandtherme‘ eröffnet. Seither folgte ein stetiger Ausbau. So wurde etwa aus einem einfachen Saunabereich der herrliche ‚Saunagarten Eden‘.

Ein Naturbadeteich kam hinzu und ein angeschlossenes Hotel, welches seit 2011 gemeinsam mit der Therme unter der Marke „AVITA Resort“ läuft. Auch in diesem gibt es einen schönen, exklusiven Wellnessbereich. Von der herausragenden Kulinarik kann man sich auch als externer Gast überzeugen.

2018 folgte ein neuerlicher Umbau im Saunagarten Eden, wodurch Österreichs erste Schneesauna entstand - und das nicht einmal in einem Schigebiet, sondern im milden Südburgenland. Ganz standesgemäß hingegen lässt es sich in der Uhudlersauna mit alten Rebstöcken schwitzen.

Der Eingang zur AVITA Therme |
Der Saunagarten Eden | Das Motto ist Programm

Infobox

Öffnungszeiten: täglich ab 9 Uhr, So-Do bis 22 Uhr, Sa bis 23 Uhr, Fr bis 0:30 Uhr

Eintritt: regulär Mo-Fr 34€, Sa, So & FT 36,50€, Aufzahlung Sauna 11,50€, Ermäßigungen für Schüler:innen, Senior:innen, Kurgäste, mit Burgenland Card 20%

Parken: Großer Parkplatz vor der Therme

Infos: Homepage Therme & Hotel: *avita.at*

17 Freilichtmuseum Dazumal

Das Burgenland brauchte keine großen, berühmten Architekten, um die landestypische Bauweise weithin bekannt zu machen. Das schafften in dem Fall die Bauersleute selber. Hier im DAZUMAL darf man einen Blick reinwerfen.

Weiße Lehmhäuser mit kleinen Fenstern, gedeckt mit Stroh und Kukuruz (Mais) vor dem Haus: So sieht das alte Burgenland aus. Dazu das ein oder andere Kellerstöckl, ein Saustall, eine Tschadarke und ein Kitting - und die bäuerliche Architektur des Südburgenlandes ist komplett. Worum genau es sich bei den genannten Gebäuden handelt, erfährt man im Freilichtmuseum Dazumal in Bad Tatzmannsdorf.

Seit 1972 besteht das Museum. Mühevoll wurden aus dem ganzen Südburgenland bäuerliche Gebäude zusammengetragen. Schilder an ihnen geben Aufschluss, woher sie stammen.

Tipp: Bad Tatzmannsdorf von oben

Bad Tatzmannsdorf ist auch bekannt für seine Ballone. Mehrmals im Jahr finden Ballonevents statt, man kann aber auch eine Fahrt abseits dieser buchen. So kann man das Hügelland von oben sehen.

Auch in den Bauernhäusern geht es zu wie damals: Da hängen die alten Töpfe in der Rauchkuchl, der Herrgottswinkel wird penibel sauber gehalten und die Wiege ist ebenso dabei wie das Spinnrad. Mit ein bisschen Phantasie kann man sich das einfache Leben darin in alten Zeiten vorstellen. Da wirkt die luxuriöse Therme am Grundstück daneben direkt wie ein Störfaktor bei der Zeitreise.

Vor dem Freilichtmuseum findet man übrigens den Arkadenheurigen. Dabei handelt es sich, wie der Name schon verrät, um ein ebenfalls typisch burgenländisches Bauwerk: einen Arkadenhof. Hier kann man sich regionale Köstlichkeiten schmecken lassen. Auch Märkte und Veranstaltungen finden im Heurigen statt. Hungrig muss jedenfalls niemand das bäuerliche Südburgenland verlassen.

Altes Bauernhaus |
Blick in die Backstube | wollige Bewohner des Museums

Infobox

Öffnungszeiten: Freilichtmuseum über Drehkreuz ständig begehbar / Arkadenheuriger Mo-Sa von 16-21 Uhr, So & Feiertag ab 11:30 Uhr

Eintritt: 2€ (bezahlen mit Münzen am Drehkreuz), Führungen 6€ (4x im Monat)

Infos zu Führungen und Veranstaltungen unter: *dazumal-burgenland.at*

18 Historisches Stadtschlaining

Heute nennt sich Stadtschlaining „bunte Stadt des Friedens". Doch nicht nur die Friedensburg ist sehenswert, auch der Ort an sich erzählt bewegende Geschichten. Und die sind leider nicht immer so friedlich.

Stadtschlaining ist eine kleine Stadtgemeinde am Fuße des Günser Gebirges mit etwas mehr als 2000 Menschen, die hier wohnen. Früher war Schlaining aber eine große Herrschaft und ein Zentrum jüdischen Lebens.

Die bekannteste Sehenswürdigkeit in Stadtschlaining ist natürlich die Burg, die untrennbar mit den Besitzverhältnissen der Stadt verbunden ist. Aber es gibt noch mehr zu sehen: die Stadtmauer zum Beispiel, die zwei jüdischen Friedhöfe, die Synagoge, die zwei Pfarrkirchen und den neu gestalteten Hauptplatz. Auf letzterem kann man herrlich sitzen und genießen.

Einkehrtipps in Stadtschlaining

- Mikes Café Pub am Hauptplatz
- Das Kranich im Burghof und die Weinkosterei im Weinkeller des Schlosses
- Gasthaus Marth bei der Feuerwehr

Gut gestärkt empfiehlt es sich dann, den Rundweg „Gott, Welt & Teufel" zu gehen, der auf 1,2 Kilometern die Geschichte der Stadt erzählt. Die Tafeln an den Stationen berichten ausführlich, was hier einst geschah. So kommt man zum Beispiel auch durch die Lange Gasse, eine über Jahrhunderte hinweg bedeutende Handwerkerstraße der Schuh– und Stiefelmacher.

Und man erfährt auch etwas über den wohl berühmtesten Schlaininger und Namensgeber des Rundwegs, Andreas Baumkircher. Er war es, der die Herrschaft Schlaining ausbaute und gesagt hat: „Die Burg für den Teufel, die Stadt für die Welt und das Kloster für das Himmelreich!". Ob er nach seiner Hinrichtung in Graz, weil er sich gegen den Kaiser verschwor, in letzterem gelandet ist, wird aber wohl ein Geheimnis bleiben.

Der Hauptplatz mit dem Brunnen | Einfahrt durch das ehem. Bernsteiner Tor in die Lange Gasse | alter jüdischer Friedhof

Infobox

Dauer: Für Rundweg und Besuch der Burg kann man gut 4 Stunden einplanen

Übernachten: Im neugestalteten 3*-Burghotel Schlaining

Parken: Vor der Burg oder am Kirchenplatz (Einfahrt vor Lange Gasse)

Tipp: Audioguides für den „Gott, Welt & Teufel" Rundweg gibt es bei der Tourismusinformation am Hauptplatz

19 Burg Schlaining

Eine der beliebtesten Sehenswürdigkeiten im Bezirk Oberwart ist die Burg Schlaining. Von der wehrhaften Bastion wurde sie zum Zwangsarbeitslager, ehe sie ihre jetzige Bestimmung fand: Eine Friedensburg mit Bildungsauftrag.

Die Besitzer der Burg Schlaining lesen sich wie das Who-is-Who des burgenländischen Adels: Die Güssinger, Anjou, Kanizsai, Kaiser Friedrich der III. (der sie an den legendären Andreas Baumkircher verpfändete), die Batthyánys.

Seit 1980 gehört sie dem Land Burgenland, welches die Burg auch zu ihrer heutigen Wirkungsstätte ausbaute: einem Friedenszentrum und einem großartigen Landesmuseum. 2021 wurden umfassende Renovierungsarbeiten abgeschlossen, und so erstrahlt die Burg Schlaining nun in altem, neuen Glanz und lädt zum Besuch.

Wandertipps rund um die Burg Schlaining

- Rundgang durch Stadtschlaining (S. 54)
- Wanderweg W11: Friedensweg von Bad Tatzmannsdorf nach Schlaining
- W31 Bienenweg über Drumling ,Neumarkt und Altschlaining

Im Zuge der Renovierung wurde nicht nur alles funktioneller gestaltet und optisch aufgewertet, es wurden auch Wandmalereien entdeckt, die auf 1500 datiert werden. Außerdem wurde mit dem Kranich eine moderne Gastwirtschaft in der Burg ins Leben gerufen.

Warum Kranich? Nun, einer der 1000 Kraniche, die ein leukämiekrankes Mädchen aus der Gegend um Hiroshima gefaltet hat, wird hier verwahrt. Sie gelten als Botschafter des Friedens - wo wäre einer dieser Kraniche also besser aufgehoben als hier?

Nicht nur die Burg selbst, auch der Burggraben und der einstige Verbotene Weg kann besichtigt werden. Er ist Teil der Schlaininger Route „Gott, Welt & Teufel“. Unter den Rundbögen des Zugangs befindet sich außerdem die Burgarena, die eine Bühne für Open-Air-Veranstaltungen bietet.

Die Burg Schlaining von außen |

Der neu gestaltete Burghof | Teil der Ausstellung „Wir sind 100"

Infobox

Öffnungszeiten: ganzjährig außer Mo von 9-17 Uhr, im Sommer bis 18 Uhr

Eintritt: 15€ (inkl. Alte Synagoge), ermäßigt 12€, kostenlos mit Burgenland Card

Parken: direkt an der Burgmauer oder in der Kirchengasse

Infos: Alles zur Burg und zu aktuellen Ausstellungen erfährt man auf der Homepage: *friedensburg.at*

20 Baumwipfelweg Althodis

Im südwestlichen Ausläufer des Naturparks Geschriebenstein ragen imposante Stelzen in die Höhe. Sie tragen den Weg, der in die Baumkronen führt: den Baumwipfelweg Althodis.

Man fährt und fährt und wähnt sich schon lange mitten im Nirgendwo, bis er dann endlich auftaucht: Der Parkplatz für den Baumwipfelweg, gut 2 Kilometer nördlich vom Dorf Althodis.

Von dort muss man noch ein paar Meter zu Fuß zurücklegen, ehe man die hübsche Holzhütte, die den Eingang des Baumwipfelwegs markiert, sieht.

Der Weg wurde komplett barrierefrei errichtet, ist mit Markierungen für Blinde ausgestattet und durchgehend rollstuhlgerecht.

Auch Hunde sind erlaubt, natürlich an der Leine.

Weitere Tipps für die Region

- Auf den Großen Hirschenstein (862m)
- Klettergarten Markt Neuhodis
- Zum Vogelturm nach Rechnitz (S. 62)
- Pilzlehrpfad

Durchschreitet man das Eingangstor, gelangt man auf einer Länge von 500 Metern hinauf zu den Baumwipfeln. Dabei ist aber kaum Steigung zu bewältigen: es fällt einfach das Gelände unter dem Weg ab, die Stelzen werden höher. Somit ist er wirklich gemütlich und ohne große Anstrengung zu gehen.

Am Weg selbst befinden sich Schautafeln, die über Flora und Fauna des umliegenden Waldes informieren, sowie Geräte, die man ausprobieren kann, wie einen riesigen Hörtrichter, um die Geräusche ringsum einzufangen.

Am Ende des Baumwipfelwegs angekommen, darf man sich dann über großartige Ausblicke freuen. Im Norden sieht man den großen Hirschenstein, im Süden fällt es flach ins Hügelland ab. An guten Tagen kann man hier bis zur Burg Güssing sehen - und das umgeben von Vogelgezwitscher.

Der Weg mit dem Hirschenstein im Hintergrund |

Auf Tuchfühlung mit Eichenblättern | Ausblick in den Süden

Infobox

Öffnungszeiten: Von April bis Nov. Mi-So 10-17 Uhr, im Juli und Aug. täglich

Eintritt: Erwachsene 6€, ermäßigt 4-5€

Parken: ca. 200m vom Eingang entfernt, direkt an der Zufahrtsstraße

Infos: Man kann auch Führungen und Gruppenevents buchen, alles dazu auf der Homepage: *baumwipfelweg-althodis.at*

21 Geschriebenstein

Er ist mit 884 m der höchste Berg - nicht nur des Südens, sondern des gesamten Burgenlands. Von seiner imposanten Warte aus sieht man weithin in die Länder: ins eigene, in die Steiermark, nach Niederösterreich und nach Ungarn.

„Von der Bergeshöh kann man Städte seh‘n im Burgenland“. So beginnt eine Strophe im berühmten Volkslied ‚Die schöne Burgenländerin‘. Ich glaube ja, dass damit die Berge jenseits der Grenze gemeint waren - aber blickt man von der Aussichtswarte am Geschriebenstein hinunter auf Rechnitz, ergibt diese Zeile schon Sinn.

Der Geschriebenstein markiert den Höhepunkt des Naturparks Geschriebenstein-Írottkő. Viele Weitwanderwege führen über den Gipfel, wie etwa der E4. Ein Gipfelkreuz gibt es auch, wenngleich etwas versteckt auf einem Felsen abseits der Warte.

Weitere Tipps für den Naturpark

- In Lockenhaus gibt es noch eine Warte: die Margarethenwarte
- Rechnitz entdecken (S. 62-67)
- Baumwipfelweg Althodis (S. 58)

Der Gipfel bildet eine dreifache Grenze. Zunächst jene zwischen den Bezirken Oberwart und Oberpullendorf und somit auch zwischen dem Süd– und Mittelburgenland, aber auch die Staatsgrenze zwischen Österreich und Ungarn. Außerdem leitet sich sein Name vom ‚geschriebenen Stein‘ ab, der markierten Grenze zwischen Ländereien der Esterházys und der Batthyánys.

Mit dem Vertrag von Trianon 1920 beschloss man, die Staatsgrenze direkt durch die 1913 erbaute Aussichtswarte laufen zu lassen. Und so kommt es, dass sich der Grenzstein heute direkt neben der Treppe im Inneren der Warte befindet.

Oben angekommen, darf man sich über den Ausblick von den Alpen bis Pannonien freuen, aber auch über die Tatsache, dass die Grenzen heute frei übertreten werden können.

Ausblick bis in die steirischen Berge |
Die 1913 erbaute Aussichtswarte | Das Gipfelkreuz auf der österr. Seite

Infobox

Wie kommt man hin: Über die Geschriebensteinstraße B56 bis zum Parkplatz beim Landesehrdenkmal auf 810m Seehöhe. Von dort führt ein Wanderweg durch den Wald hinauf auf den Gipfel

Höhenmeter und Dauer: 74hm vom Parkplatz aus, Gehzeit ca. 30 Minuten

Alternative: Man kann auch von Lockenhaus oder Rechnitz aus hochwandern

22 Vogelturm Rechnitz

Viel Holz, Vogelgezwitscher und ein Ausblick über den Badesee locken naturverbundene Besucherinnen und Besucher nach Rechnitz. Der Vogelturm ist ein Naturschutzprojekt in Mitmachqualität.

22 Meter hoch ragt der Holzturm in die Höhe - und trotzdem ist er vom Parkplatz aus kaum zu sehen. Er liegt gut versteckt schon fast im Wald, dessen Wege auf den Geschriebenstein hinauf führen.

Diese ruhige Lage ist aber auch notwendig, denn der Turm ist nur in zweiter Linie eine Attraktion für Gäste. Hauptsächlich dient er als große Voliere für verletzte Vögel, die darin gesundgepflegt werden. Manche dürfen dort auch wohnen bleiben, falls sie aufgrund ihres Zustands in freier Natur keine Überlebenschance mehr hätten. Das Projekt wird von Fachkräften betreut.

Weitere Tipps rund um den Turm

- Wanderung Ödes Schloss
- Botanischer Lehrpfad
- 2 Mountainbiketrails in unmittelbarer Nähe

Was für ein Glück aber, dass es rund um die Voliere den barrierefreien Aufgang inklusive Aussichtsplattform gibt. So kommt man auch den hoch oben sitzenden Vögeln nahe. Auf den 700 Metern hinauf informieren Tafeln über den Lebensraum der Tiere. Wer mehr und Genaueres wissen will, kann über das Büro des Naturparks Geschriebenstein -Írottkő eine Führung buchen.

Von ganz oben hat man dann eine schöne Sicht über den Badesee Rechnitz. Man erblickt aber auch das Labyrinth neben dem Vogelturm. Wer nachher schummeln will, kann sich schon mal den richtigen Weg einprägen. Auch ein Spielplatz mit Schaukel für Rollstühle und unterfahrbarer Sandkiste ist vorhanden.

Falls jemand noch nicht genug hat von Natur, Vögeln und Wald: Es gibt rundherum eine Vielzahl von Wanderwegen.

Der Vogelturm von unten |
Gerettetes Vöglein in der Voliere | Blick über den Badesee

Infobox

Öffnungszeiten: In den Ferienmonaten Sa & So 13-17 Uhr

Eintritt: Erwachsenen 6€, ermäßigt 4€ / Kombitickets mit Baumwipfelweg vorhanden

Parken: Vor dem Badesee, Gehzeit bis zum Turm ca. 10 Minuten

Infos: *lebensraum-vogelturm.at* oder *rechnitz.at*

23 Rechnitzer Weinberg

Lehrpfade, Buschenschänken, viel Natur und natürlich Wein - das alles findet man bei einer Wanderung über den Rechnitzer Weinberg. Hier kann man gut und gerne einen ganzen Tag verbringen und die Zeit fließen lassen.

Nimmt man die Worte Wein und Südburgenland in den Mund, so denken die wenigsten an den Ort Rechnitz. Dabei meinen manche Weinkenner, hier befinde sich der schönste Weinberg im ganzen Südburgenland.

Objektiv lässt sich so eine Aussage natürlich nicht beurteilen. Aber der Rechnitzer Weinberg ist schon ein ganz besonderer Ort. Zunächst einmal schon von den Weinsorten her. Während das Burgenland eher für seinen Rotwein bekannt ist, sticht Rechnitz mit seinen Weißweinen heraus. Der Welschriesling dominiert hier das Geschehen und das auf hervorragendem Niveau.

Weitere Tipps für Rechnitz

- Buschenschank und Kellerstöckl von Reinhard & Dietlinde Koch
- Das Stiefelmachermuseum
- Kartbahn Speedarena

Alles über den Weinbau kann man am Rechnitzer Weinlehrpfad erfahren, einem 1,5 km langen Rundweg von der Vinothek weg. Mehr erlebt man allerdings auf der Weingebirgstour (7,5km), die auch den Jagdlehrpfad mit einschließt und durch die Kellergassen führt.

Dabei erblickt man sowohl alte als auch renovierte Kellerstöckl und kommt bei Weingütern und Buschenschänken vorbei. Auch der Rindlerbrunnen liegt am Weg und mit etwas Glück sieht man Rehe über die Wiesen springen.

Mit etwas Aufmerksamkeit entdeckt man, dass sich am Weinberg in Rechnitz nicht nur die Trauben wohlfühlen: Kastanien-, Mandel– und Marillenbäume sind ebenfalls zu finden. Alle zusammen mögen eines besonders: das milde Klima am sonnigen südlichen Ausläufer des Geschriebensteins.

Ausblick über den Weinberg auf den Ort |
Tafeln am Weinlehrpfad | köstlicher Wein im Buschenschank

Infobox

Dauer der Weingebirgstour: 2 Stunden ohne Rast, Einkehr und Staunen

Höhenmeter: 161hm mit schönen Ausblicken auf den Ort und in den Süden

Parken: Vor der Vinothek Reichermühle

Einkehr: offene Buschenschänke: *weinidylle.at/de/events-termine/buschenschankkalender* (Filtern nach Rechnitz)

24 Der Kreuzstadl

Ein Thema, das einem im Südburgenland öfters begegnet: Gräueltaten, die rund um den Bau des Südostwalls gegen Ende des Zweiten Weltkrieges gesetzt wurden. Ein solcher Schreckensort ist der Kreuzstadl in Rechnitz.

Die Gefühle, die man bei einem Besuch des Kreuzstadls empfindet, in Worte zu fassen, ist schwer: Trauer, Entsetzen und Wut sind jedenfalls dabei. Sanfte Gemüter haben hier zu kämpfen, aber auch hartgesottene lässt das Massaker, dass sich hier abgespielt hat, nicht kalt.

Der Kreuzstadl war ein einfaches landwirtschaftliches Gebäude. Heute steht es als Mahnmal gegen die Verbrechen der Nazis als Ruine hier. Der Bildhauer Karl Prantl gestaltete Mitte der 90er den Gedenkstein, 2012 kam eine Gedenkwand (Open-Air-Museum) dazu, mit Infos in Deutsch, Englisch und Ungarisch.

Aufarbeitung in den Medien

- Theater „Rechnitz (Der Würgeengel)"
- Film „Das Testament"
- Buch „Dunkelblum"

Doch was ist hier geschehen? Dem heute als Massaker von Rechnitz bekannten Grauen ging eine Feier im Schloss Batthyány in Rechnitz am 24.3.1945 voraus. Zeitgleich befanden sich ca. 180 ungarische Juden, die nicht mehr für den Bau des Südostwalls in Frage kamen, weil sie so geschwächt und krank waren, in der Nähe des Kreuzstadls. In der Nacht des Festes rückten dann an die 15 Mitglieder der NSDAP aus, um diese Menschen zu erschießen. Am nächsten Tag wurden auch noch jene 18 Juden ermordet, die jene in der Nacht erschossenen verscharren mussten.

Bis heute hat man das Massengrab nicht gefunden. Das Bundesdenkmalamt hat die Suche eingestellt. Was bleibt, sind zahlreiche Filme und Bücher, in denen das Massaker thematisiert wird, der Kreuzstadl als Mahnmal sowie Unverständnis.

Die Ruine des Kreuzstadls |
Das Open-Air-Museum | Prantls Gedenkstein

Infobox

Öffnungszeiten: stets begehbar

Eintritt: keiner

Parken: Am Rand d. Zufahrtsstraße oder bei Einkauf beim Supermarkt vis-a-vis

Infos: Der Verein RE.F.U.G.I.U.S. kümmert sich um die Erhaltung des Mahnmals und informiert dazu: *kreuzstadl.net*

25 Jüdischer Friedhof

Der jüdische Friedhof in Oberwart ist Zeugnis einer großen, lebendigen israelitischen Gemeinde, die einst hier wirkte und lebte.

Oberwart bot immer schon vielen Religionen nebeneinander Platz. So kam es, dass die Juden über die Stadt verteilt und nicht in einem Ghetto lebten. Evangelische und jüdische Kinder gingen zusammen in die Schule. Um 1900 lebten an die 100 Juden in Oberwart.

Sie bekamen von den Protestanten einen Teil des Friedhofs geschenkt. Die Besonderheit hier: Die Inschriften sind nur einseitig und auch in lateinischer Schrift. Der jüngste Grabstein stammt aus 1950 von einer Rückkehrerin, die den Holocaust überlebte.

Infobox

Der jüdische Friedhof ist frei zugänglich und liegt gleich neben dem evangelischen Friedhof in der linken Bahnzeile.

Weitere Orte jüdischen Lebens in Oberwart

- Ehem. Synagoge: heutige Musikschule, daneben das Rabbinatshaus
- Gedenkweg für die Opfer des Nationalsozialismus (Start beim Rathaus)

26 Märkte in Oberwart

Die Oberwarter Märkte sind eine Institution. Geschäftsleute von nah und fern kommen hierher, um ihre Waren anzubieten. So ist doch noch ein bisschen Einkaufserlebnis in der Innenstadt übrig.

Der berühmteste Markt ist der Wochenmarkt am Mittwochvormittag. Von Schürzen über Schuhe, Gemüse und die passenden Töpfe dazu, kann man hier viel kaufen. Das obligatorische Würstel am Würstelstand gehört dann natürlich auch dazu. Erstaunlich auch das Alter des Marktes: er existiert seit 1841.

Samstagvormittags findet im Stadtpark immer der Bauernmarkt statt. Hier darf man sich von den Köstlichkeiten der Region überzeugen. Auch Süßes kommt dabei natürlich nicht zu kurz. Deswegen sollten auch immer ein paar Burgenländerkipferl den Weg in den Korb finden.

Weitere Tipps für Oberwart

- Essen gehen beim Stadtwirt - regionale Küche mit Mittagsmenüs
- Kunst, Literatur und Kulturprogramm gibt's im OHO - Offenes Haus Oberwart

Infobox

- Wochenmarkt: Mittwoch von 7-12 Uhr im Zentrum (Hauptplatz, Wiener Str.)
- Bauernmarkt: Samstag von 7-12 Uhr im Stadtpark

27 Grenzwächter Wanderweg

Wanderwege gibt es viele. Wanderwege mit so vielen historischen Spots wenige. Von Kemeten aus begeht man den Grenzwächter Wanderweg auf Spuren von Mammuts, den Römern und US-Army-Flugzeugen.

Kann eine Gegend auf etwa 300 Metern Seehöhe ein Wanderparadies sein? Diese Frage kann schon mal im Kopf schwirren, wenn man den Grenzwächter Wanderweg geht. Die Antwort ist klar: Und ob! Die drei Dörfer Kemeten, Litzelsdorf und Wolfau haben mit diesem Themenweg nicht nur eine tagesfüllende Route über 35 Kilometer entwickelt, sondern gleich alle wichtigen geschichtlichen Orte der Gegend mit eingebaut.

Und die hat es in sich: Sowohl die Mammuts als auch die Römer waren hier. Man findet eine 300-jährige Eiche. Und Ruinen alter Meierhöfe.

Tipps zum Essen und Schlafen

- Urig: Naturfreundehütte in Kemeten
- Typisch: Mizzi's Wirtshaus in Litzelsdorf
- Süß: Konditorei Gumhalter in Litzelsdorf

Kein Wunder eigentlich, denn historisch wie biologisch war die Region immer schon bedeutsam. Der Tatsache, dass die Ungarn schon im Mittelalter Grenzposten hier stationierten, verdankt der Wanderweg seinen Namen. Und auch geologisch wie geografisch bildet die Gegend rund um die Lafnitz immer schon eine natürliche Grenze.

All dies wird auf 17 Stationen entlang des Grenzwächter Wanderwegs thematisiert. Man muss die ganzen 35 km nicht auf einmal gehen, die Wanderung kann auf Etappen aufgeteilt werden. Die Beschriftung des Weges ist gut gelöst: Man sieht immer, wie weit es bis zur nächsten Station ist.

Wer an allen 17 Stationen den QR -Code scannt, kann sich in einem Gastronomiebetrieb der drei Dörfer ein Freigetränk abholen. So macht Grenzwache dann ganz schön viel Spaß!

Waldweg mit Geschichte |
Die Absturzstelle des Army-Flugzeugs | Die 300-jährige Eiche

Infobox

Dauer: Reine Gehzeit für den gesamten Weg ca. 9 Stunden

Höhenmeter: insgesamt legt man 580hm zurück

Parken: in allen Dorfzentren möglich, z.B. bei der Kirche Kemeten

Infos: Die Stationen sind auf *grenzwaechter.at/* beschrieben, die GPS-Route zum Nachwandern findet man auf Bergfex

28 Fleisch im Bullinarium

Im Bullinarium in Markt Allhau gibt es mehr als nur bloßes Fleisch am Teller. Hier arbeitet man mit Infotainment und einem Bekenntnis zur Kreislaufwirtschaft.

Für Fleischtiger ist das Bullinarium kulinarisch eine Top-Adresse: Bestes Bull Beef® vom heimischen Rind von einer wirklich gut ausgewählten Speisekarte, die von der Suppe übers Tartar bis zum Filetsteak alles bietet, was das carnivore Herz begehrt.

Stolz ist das Team um Fam. Haller auf die Kreislaufwirtschaft, die es mit ihren Bullen betreibt. Gefüttert wird nur Gras und Heu, der Mist wird zu Dünger und Biogas weiterverarbeitet. Gleichzeitig erhält man mit der Weidewirtschaft das Feuchtgebiet der Lafnitz.

Infobox

Alle Infos wie Öffnungszeiten auf der Homepage *bullinarium.com*
Reservieren ist von Vorteil!
Es gibt auch vegetarische Gerichte auf der Karte, niemand bleibt hungrig

Weitere Tipps für die Region

- Heimisches Kernöl in ‚Die Ölmühle' kurz vor der Autobahnauffahrt Lafnitztal
- Die Lafnitz entdecken mit Führungen, buchen auf *naturerlebnis-lafnitztal.at*

29 Fisch im KOi Rotenturm

Jetzt wird's fischig! Ganz versteckt mitten im Rotenturmer Wald befindet das KOi—Kulinarik am Teich. Dieses Fischlokal setzt regional neue Maßstäbe für Fischgenuss.

Wer 21 Hektar Fischteiche sein eigen nennen darf, hat natürlich eine große Verantwortung - aber auch was zu bieten. Die beste Fischsuppe weit und breit etwa. Oder den kreativ zubereiteten Karpfen, sodass ihn auch jene mögen, die keine Karpfenfans sind.

Regionalität hat einen hohen Stellenwert im Koi. Es wird transparent gemacht, wo die Produkte abseits des eigenen Fisches herkommen. Wer nur das Ambiente genießen, aber keinen Fisch essen möchte: man kocht auch Fleisch, vegetarisch und vegan.

Weitere Tipps für die Region

- Schloss Rotenturm: jeden ersten Freitag im Monat Schlossführung / diverse Events und Ausstellungen
- Erlebnisweg Lebenswart (zu Fuß oder Rad)

Infobox

Geöffnet Do-Sa, genaue Öffnungszeiten siehe auf *koi-kulinarik.at*

Mit einer burgenländischen Fischerkarte ist hier auch privates Fischen möglich.

30 Obstbrand Reicher

Das Obst in die Flasche bringen - das ist das Motto von Familie Reicher aus Kleinpetersdorf. Und wie konserviert man Obst besser als in alkoholischer Form?

Wer Brände mag, sollte ohne Umschweifen beim Obstbrand Reicher vorbeischauen. Und wer nicht, auch. Denn wenn man dem Chef Christoph beim Schwärmen über den Herstellungsprozess zuhört, beginnt man unweigerlich, das klare Produkt zu lieben.

Die Früchte stammen aus dem Garten hinter dem Haus, gebrannt wird mit einem kleinen holzbeheizten Ofen. Man spürt die Leidenschaft für den Obstbrand in jedem Schlückchen.

Beim Verkosten hat man die Qual der Wahl: eine der vielen Apfelbrände, Zwetschke, Quitte oder doch lieber Schlehe? Ganze 20 Sorten stehen zur Auswahl!

Infobox

Keine fixen Öffnungszeiten, Verkostung und Verkauf nach telefonischer Vereinbarung unter +43 3362 / 2104 oder +43 664 / 251 8209

Weitere Tipps für die Region

- Montags im Juni, Juli und August: Westernstadt Lucky Town in Großpetersdorf
- Kohfidisch mit Schloss und Csaterberg inkl. Steinmuseum (S. 80 und 82)

31 Aloisias Mehlspeise

Das Burgenland ist weithin bekannt für seine filigrane Hochzeitsmehlspeise. Aloisia Bischof bäckt sie in Badersdorf für all jene, die das nicht selbst in die Hand nehmen wollen.

Früher sind vor einer Hochzeit noch alle Frauen der Familie zusammengekommen und haben tagelang gebacken. Dieser Brauch wird immer seltener. Auf die köstlichen Mehlspeisen muss man trotzdem nicht verzichten. Aloisia schafft süße Abhilfe.

In ihrer Mehlspeis– und Kaffeestubn kann man Torten bei einem Kaffee genießen oder sich ein Packerl Kekse für zuhause kaufen. Zwischen 50 und 70 Sorten hat sie immer im Angebot. „Alle haben einen eigenen Teig", erklärt sie stolz, „so wie es sich gehört!"

Weitere Tipps für die Region

- Gotische Pfarrkirche in Hannersdorf
- Im Sommer: Badesee Burg
- Weintrinken am Eisenberg (S. 78)

Infobox

Öffnungszeiten: täglich außer Mo von 8-18 Uhr

Online-Shop: Unter *aloisia.at* kann man sich die Mehlspeisen auch bestellen

32 Hügelgräber Schandorf

Es ist eine Sensation und ein wahrer archäologischer Schatz: Die Hügelgräber von Schandorf gelten als das größte Hügelgräberfeld Europas. Geforscht wird erst seit kurzem, begraben wurde bereits vor 2700 Jahren.

Manchmal braucht es ein paar glückliche Umstände, die einer Region zur Hochblüte verhelfen. In der Hallstattzeit ca. 750 v. Chr. waren das die Nähe zur Bernsteinstraße, Erz vom Eisenberg und Wasser der Pinka. Damit wurde die Gegend um Schandorf zu einem wichtigen Zentrum des Eisenhandels.

Wo viele Menschen leben, sterben sie auch. Und wo reiche Menschen leben, wird pompös bestattet. So kommt es auch, dass das größte Hügelgrab im Schandorfer Wald an die 40 Meter hoch und 16 Meter breit ist. Es war wohl ein Eisenbaron, der hier beigesetzt wurde.

Weitere Hügelgräber im Südburgenland

Hügelgräber gab es beinahe im gesamten Südburgenland. Heute noch sichtbare findet man unter anderem in St. Martin an der Raab, Königsdorf und Bernstein.

Ungefähr 170 dieser Hügel befinden sich im Wald, der damals noch keiner war. Doch ihm ist es zu verdanken, dass die Gräber in so gutem Zustand sind, er hat sie quasi „konserviert". Erst vor ca. 140 Jahren erkannte man, worum es sich bei den Erhebungen an der heutigen Grenze zu Ungarn handelt. Doch es geriet wieder in Vergessenheit.

Heute forscht in dem ganz jungen Projekt ArcheON ein staatenübergreifendes Archäologenteam an den Hügelgräbern. Eine Ausstellung der Funde ist geplant. Neben den hallstattzeitlichen Gräbern gibt es auch noch eine römische Grabgruppe, die später angelegt wurde.

Bis dahin kann man über die Gemeinde Schandorf eine fachkundige Führung buchen oder sich selbst auf die Suche nach den Gräbern machen, man übersieht sie nicht.

Eines der 170 Hügelgräber |
Hinter dem Badesee Burg liegt der Schandorfer Wald | Blick auf den Ort Schandorf

Infobox

Lage: Das Hügelgräberfeld liegt im Wald südöstlich von Schandorf bzw. östlich von Burg, ca. auf Höhe des Badesees und ganz nah der Staatsgrenze

Parken: am besten beim Badesee Burg

Wandertipp: Vom Badesee aus führt eine 7,5km lange Wanderung am Pinkadurchbruch vorbei zu den Hügelgräbern und wieder retour

33 Deutsch Schützen-Eisenberg

Deutsch Schützen-Eisenberg ist vermutlich der bekannteste Weinspot im Südburgenland und der Mittelpunkt der Weinidylle. Sogar zu einem DAC-Namen hat es der Ort gebracht. Ausblicke und Genüsse gibt es hier genug.

Es ist alles ein bisschen kompliziert: DER Eisenberg ist eigentlich nur die Erhebung, auf der sich die steilen Weinhänge befinden. Eisenberg an der Pinka ist das im Tal liegende Dorf dazu. Und Deutsch Schützen die Muttergemeinde - und dort gibt es mit dem Schützener Berg auch nochmal einen eigenen Weinberg.

Doch grandioser Wein gedeiht auf dem gesamten Gemeindegebiet, es dominiert der Rotwein. Verantwortlich dafür ist der namensgebende hohe Eisengehalt im Boden, der von Lehm und Schiefergestein gebildet wird. Der Name ist also Programm.

Der berühmte Eisenberg DAC (Rebsorte: Blaufränkischer) ist dabei natürlich der Lokalmatador. Auf dem mineralischen Boden entwickelt er einen typischen fruchtigen Geschmack mit Aromen zum Niederknien.

Weinbau neu gedacht hat das Winzerehepaar Faulhammer vom Weingut Schützenhof. Biowirtschaft, kein Filtrieren, minimal schwefeln, dem Wein Zeit geben: Die Langsamkeit des Weinbaus schmeckt man dann in der Qualität. Am Schützenhof dürfen aber auch Urlauber faul sein in einem der fünf Zimmer des B&B.

Wer es gern urig mag, kann sich in eines der zahlreichen Kellerstöckl in den Weinbergen einmieten. Die ehemaligen Arbeitskeller stehen Genussreisenden bereit.

Einen Überblick über alle Weine und Weingüter des Ortes gibt's in der Vinothek am Fuße des Eisenbergs.

Einkehrtipps

- Restaurant Ratschen
- Buschenschank Eder
- Buschenschank Wiesler-Schreiner

Weinblick Aussichtsplattform und der Ort Eisenberg an der Pinka |
Entzückende Kellerstöckl | Weinschätze im Keller

Infobox

Aktivitäten: Wandern (markierte Routen 'Wandern in der Weinidylle'), Radfahren, Verkostungen, Essen gehen, Ausblicke und Einblicke

Lage: unmittelbar an der ungarischen Grenze östlich vom Csaterberg

Entfernungen: Deutsch Schützen liegt auf 227m, Höhe Eisenberg 415m. Das Gemeindegebiet umfasst von Nord nach Süd bis St. Kathrein ca. 10 Kilometer

34 Der Csaterberg

Der Csaterberg hat nicht nur Wein zu bieten, sondern auch literarische Genüsse, urige Buschenschänken und geologische Besonderheiten. Eine Wanderung offenbart die Schönheiten und Geheimnisse der grünen Insel.

Der Csaterberg ist genau genommen nicht ein Berg, sondern ein Doppelberg. Kleincsater und Hochcsater werden durch ein wasserführendes Tal voneinander getrennt. Von den Namen darf man sich nicht täuschen lassen: Kleincsater ist mit seinen 365 Metern höher als der Hochcsater mit 341 Metern.

Der Grund, warum der Csaterberg als grüne Insel bezeichnet wird, liegt in seiner Lage. In alle Richtungen hin schützt ein dichter Wald vor kalten Winden, sodass die Süd- und Südosthänge des Bergs den Weinstöcken die beste Heimat bieten. Die Weingärten sind also gut eingefasst.

Weitere Tipps für den Csaterberg

- Die Opale sind im Gasthof zum Weinberg am Kleincsater zu sehen (S. 84)
- Standesgemäß übernachten kann man im Kellerstöckl Isabell

Dabei wachsen die Reben auf einer Süßwasseropalschicht! Beinahe der ganze Berg ist von diesem Gestein geprägt.

Ebenfalls prägend ist der Anblick der vielen Kellerstöckl hier am Csaterberg. Eines hübscher als das andere, sind sie eine Konstante auf der gut 5 km langen Wanderung zwischen Klein- und Hochcsater.

Ebenfalls auf dieser Strecke, die eine 8er-Schleife bildet, liegt der Literaturweg. Auf 31 Stationen kann man in die Werke burgenländischer Autorinnen und Autoren hineinschmökern.

Und weil Wandern hungrig macht, kommt es nur gelegen, dass sich auch einige Buschenschänken am Csaterberg befinden. Irgendeiner der vier hat eigentlich immer geöffnet und bietet neben lokalen Weinen auch eine bodenständige Brettljause an.

Grün, Grüner, Csaterberg |
Eines der ca. 270 Kellerstöckl am Berg | Csaterbergblick von St. Kathrein aus

Infobox

Dauer: Reine Gehzeit bei der Wanderung rund um den Csaterberg ca. 1,5h

Höhenmeter: 133hm

Parken: Beim Gasthaus zum Weinberg

Infos: GPS zum Nachwandern auf Bergfex unter „Wandern in der Weinidylle, Rundweg 8 Csaterberg" zu finden

35 Schloss Kohfidisch

Es ist wohl das verträumteste Schloss im ganzen Südburgenland: Schloss Kohfidisch. Mehrmals im Jahr öffnet es seine Tore für eventhungrige Besucherinnen und Besucher und zeigt sich dann von seiner lebhaften Seite.

Kommt man am Schloss Kohfidisch vorbei, wähnt man sich in einem Märchen. Wäre es nicht Wilder Wein, der sich an der Fassade hochrankt, könnte man an Dornröschen denken. So wäre es eher Weinröschen, was ja auch irgendwie besser zum Ort Kohfidisch passt.

Es war einst ein Meierhof und wurde im 17. Jhd. zu einem Schloss umgebaut, bald nachdem die ungarische Adelsfamilie Erdődy das Anwesen gekauft hatte. Noch heute ist es im Familienbesitz und wird von Sarah Keil (geb. Kottwitz-Erdődy) und ihrem Mann in mühsamer Kleinarbeit renoviert.

Weitere Tipps für die Region

- Wasserschloss Eberau
- Gasthaus Csencsits in Harmisch
- Landestechnikmuseum Burgenland in St. Michael (S. 100)

Öffentlich zugänglich ist es nicht, daher sollte man sich bei einer spontanen Besichtigung auch vor dem Tor aufhalten. Wiederkommen darf man aber, wenn eine der zahlreichen Veranstaltungen stattfindet oder der Buschenschank geöffnet wird. Dann kann man auch einen Blick in die Schlosskapelle werfen.

Berühmt ist das Schloss mittlerweile für seine alljährlich stattfindenden Gartentage oder das Herbstfest „Kramuri“. Kramuri sagt man hier zu Zeug bzw. Kram, welchen man hier erstehen kann. Nie war Zeug kaufen schöner als im Schloss Kohfidisch!

Wer zu den großen Events aber keine Zeit hat vorbeizukommen, kann auch seine Hochzeit, Geburtstagsfeier oder sonstige Feierlichkeiten hier austragen. Ein wildromantischeres Ambiente findet man im ganzen Südburgenland wohl kaum.

Wildromantisches Schloss Kohfidisch |
Kramuri | Die Schlosskapelle

Infobox

Öffnungszeiten: Keine, weil privat, aber bei Veranstaltungen geöffnet

Veranstaltungskalender: zu finden auf *imschloss.at* bzw. Infos unter der Telefonnummer +43 664/448 8699

Parken: großer Parkplatz direkt vor dem Schloss

Tipp: Wanderung vom Schloss auf den Csaterberg und wieder zurück

36 Steinmuseum Csaterberg

Die Oberfläche des Csaterbergs ist von Süßwasseropalen durchzogen. Suchen muss man sie nicht selber, das Museum am Weinberg zeigt große und kleine Exemplare.

Opale entstehen bekanntlich durch die Ansammlung von Kieselsäure in Gestein oder organischem Material. Verantwortlich für das Opalvorkommen am Csaterberg ist vermutlich der Süßwassersee, der sich vor über zehn Millionen Jahren hier befand.

Aufgrund der eisenhaltigen Böden hat der Opal hier eine rötlich bis bräunliche Farbe. Selten, aber doch findet man auch Holzopale.

Das Steinmuseum am Kleinscater informiert über die Gesteine und stellt bearbeitete und unbearbeitete Stücke zum Bestaunen aus.

Infobox

Ort: Im Gasthof zum Weinberg

Eintritt: kostenlos

Falls Restaurant geschlossen, im Hotel fragen oder anrufen

Noch mehr Steine

Am Steinplatz in Kohfidisch (Kreuzung zwischen Untere Hauptstraße, Birkengasse und Schustergasse) befindet sich hinter Glas ein 6300kg schwerer Jaspis, der am Csaterberg gefunden wurde

37 Museum f. Holz & Handwerk

Altes Wissen und alte Werkzeuge erhalten, das ist der Zweck des Museums für Holz und Handwerk in St. Kathrein im Burgenland.

Wissen Leute von heute überhaupt noch, wie ein Hobel aussieht? Oder welche Holzarten zu welchen Produkten verarbeitet werden?

Nichtwissende können in diesem kleinen Museum viel lernen, Wissende in nostalgischer Erinnerung schwelgen. Der pensionierte Tischlermeister Georg Bruckner hat die über 3000 Werkzeuge seines Museums selbst zusammengetragen. Er erklärt bei Besuchen gern, wie sie verwendet wurden. So kriegen Besucherinnen und Besucher einen Einblick in die Drechslerei, die Fassbinderei, die Möbelherstellung oder auch die Herstellung von Instrumenten.

Weitere Tipps in St. Kathrein

- Magdalenenkapelle mit wunderbarem Ausblick auf den Csaterberg
- Alter Leiterwagen mit Weinfässern im Dorfzentrum

Infobox

Öffnungszeiten: Mai bis Nov. Sa & So von 13-17 Uhr & gegen Voranmeldung

Eintritt: Freie Spende

Telefon: +43 676/ 946 22 22

38 Grenzerfahrungsweg

Einer der eindrucksvollsten Themenwege ist der Grenzerfahrungsweg in Bildein. Es geht dabei um die Grenzen im Außen wie im Innen, um Staatsgrenzen ebenso wie begrenzte Möglichkeiten.

Bildein ist ein kleiner Ort gleich neben Ungarn, dessen Motto ‚Ein Dorf ohne Grenzen' lautet. Die Bevölkerung hat die Zeit des Eisernen Vorhangs sowie dessen Fall miterlebt. Aber auch schon davor war die Grenze ein Thema, etwa durch den Bau des Südostwalls durch die Nazis.

Mit so einer Geschichte erscheint es nur logisch, wenngleich nicht selbstverständlich, dass sich Bildein mit der Thematik ‚Grenze' intensiv auseinandersetzt. Das geschieht im burgenländischen Geschichte(n)haus, wie auch am 5 km langen Grenzerfahrungsweg, der zum Mitmachen und Nachdenken einlädt.

Weitere Tipps für Bildein

- Mitte August findet jährlich das über die Grenzen bekannte Rockfestival *Picture on* mitten im Dorfzentrum statt
- Im Weinarchiv warten köstliche Tropfen

Start ist im Dorfzentrum beim Kaufhaus. Vis-a-vis des Friedhofs befindet sich bereits die erste Station des Weges, das Labyrinth. Danach folgen die Relikte, die an die furchtbare Zeit gegen Ende des Zweiten Weltkriegs erinnern: Panzer, Bunker und Schützengraben. Letztere können begangen werden.

Anschließend geht es zum Grenzturm mit Maschendrahtzaun, der sich der Grenze am Eisernen Vorhang annimmt. Hier kann man schon mal Gänsehaut bekommen, wenn man sich direkt an den Zaun stellt. Weiter geht es entlang der Pinka bis zur Staatsgrenze und auf der anderen Flussseite wieder retour. Auch hier warten einige Stationen, ehe man zum Abschluss im Park spielen und die eigenen Grenzen austesten darf.

Wieder zurück, hat man vielleicht etwas fürs Leben gelernt.

Der Grenzwachturm |
Labyrinth als Symbol für Geburt und Tod | Eiserner Vorhang

Infobox

Dauer: 5km, Gehzeit ca. 1,5h

Höhenmeter: durchgehend flach, kinderwagentauglich

Parken: Beim Nah&Frisch (Hauptstraße 113)

Infos: Einen Folder im PDF-Format und Infos zu Führungen gibt es auf der Homepage der Gemeinde *bildein.at*

39 Geschichte(n)haus Bildein

Ein kleines Museum, aber hunderte Geschichten! Das Geschichte(n)-haus Bildein erzählt von der Zeit, als das Burgenland zu Österreich kam, von der Nachkriegszeit, vom Eisernen Vorhang und von heute.

Es ist erstaunlich, wie viel Information in so ein kleines Häuschen passt. Im ehemaligen Sammelgebäude, das als Milchlager, Rüsthaus und Viehwaage diente, stehen heute sechs Nischen mit unzähligen Dingen, chronologisch aufgebaut vom Ende des Ersten Weltkriegs bis heute. Markant dabei sind die Kredenzen. In jeder Nische stehen sie und dürfen geöffnet werden.

Das vorherrschende Thema des Geschichte(n)hauses ist natürlich das Thema Grenze. Bildein selbst war massiv von der neuen Ziehung der Staatsgrenze 1921 betroffen, Oberbildein wollte sogar wieder zurück zu Ungarn.

Aber auch die folgenden Jahre hat die Bevölkerung des Dorfes, mit der Grenze direkt vor der Nase, so manches erlebt: Schusslinie zwischen Roter Armee und Wehrmacht, die große Flucht aus Ungarn 1956, das Schmuggeln in Zeiten der geschlossenen Grenze bis hin zur Ostöffnung. Dinge des täglichen Lebens, Fotos, Tondokumente und Briefe zeugen vom Leben der Menschen von damals bis heute.

Das Geschichte(n)haus sieht übrigens auch einen feministischen Auftrag: Es sind die Frauen, die die Kredenzen gestaltet haben, Frauen, die als Zeitzeuginnen die Geschichten in Führungen erzählen. „Frauen hatten früher keine öffentlichen Räume“, meint der ehem. Bürgermeister Walter Temmel, „also haben wir ihnen hier einen gegeben.“ Und ihm ist auch wichtig zu erwähnen: „Das ist ein Museum zum Anfassen!“

Weitere Tipps für Bildein

- Pinkataler Lebkuchen, Gebäck und Kaffee gibt's bei der Bäckerei Lendl
- Bioschafhof Elpons: hausgeschlachtetes Bio-Schaffleisch ab Hof

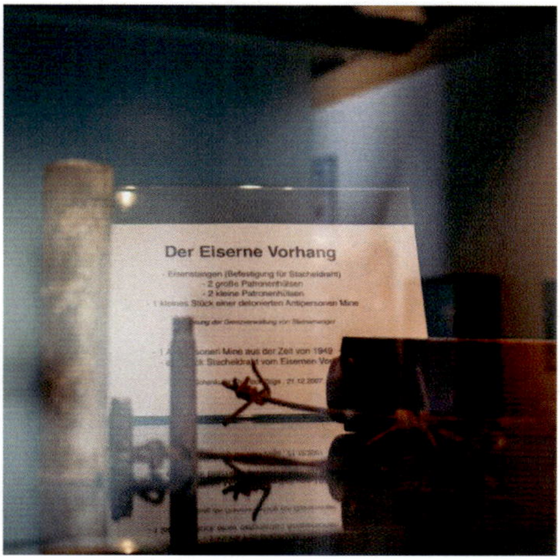

Das Geschichte(n)haus wirkt von außen recht klein |
Die Kredenzen im Inneren des Museums | Eine der Vitrinen

Infobox

Öffnungszeiten: Von April bis Ende Oktober Sa, So & Feiertag von 14-17 Uhr, auf Nachfrage (+43 3323 / 21999) außerhalb der Zeiten ebenfalls möglich

Eintritt: regulär 6€ | Führungen für Gruppen | kostenlos mit Burgenland Card

Parken: direkt neben dem Geschichte(n)haus möglich

Infos: Virtuelle Raumtour, Führungen etc. auf *geschichtenhaus.at*

40 Tradition in Stinatz

Im Burgenland gibt es heute 25 Gemeinden, in denen auch Kroatisch Amtssprache ist. Die bekannteste unter ihnen ist Stinatz. Hier wird das kroatische Brauchtum hochgehalten.

Stinatz ist vielen ein Begriff, etwa aus Musik, Kabarett und Belletristik. Die zweisprachige Ortschaft mit ihren ca. 1400 Einwohner:innen legt viel Wert auf ihre Traditionen: die kroatische Sprache, die wunderschönen gekratzten Ostereier oder die Hochzeitstracht. Diese bunte Tracht wird bei Stinatzer Hochzeiten - die sind ein Erlebnis für sich - von den Brautführern und Brautführerinnen mit Stolz getragen.

Daher lohnt sich ein Besuch im Heimathaus, in dem auch die Tracht und die Ostereier ausgestellt sind und man viel über die Geschichte des Ortes erfährt.

Infobox

Besichtigung Heimathaus: telef. Kontaktaufnahme unter +43 664 / 50 39 210 (Hr. Grandits). Weitere Nummern hängen vor Ort, spontaner Anruf möglich

Ostereier kaufen

Die legendären gekratzten Eier gibt es ausschließlich privat zu kaufen. Bestellungen nimmt Wilma Zieserl entgegen (+43 664 / 65 83 350) und vermittelt bei Bedarf auch weiter.

41 Heilquelle Ollersdorf

Ein Erdbeben soll es gewesen sein, dass das Heilwasser zu Tage förderte. Gesichert ist bisher nur, das die Heilquelle in Ollersdorf ein beliebtes Pilgerziel ist.

Ein bisschen muss man schon an Magisches glauben, um der Heilquelle in Ollersdorf etwas abgewinnen zu können. Sie soll auf den 23. April 1626 zurückgehen, als ein Erdbeben eine Fontäne aus der Erde beförderte und schließlich eine Marienstatue erschien.

Das Wasser soll besonders gegen Erkrankungen im Kopfbereich helfen. Eine Marienkapelle steht ebenfalls daneben, welche im Laufe der Jahrhunderte immer wieder erneuert wurde. Zum Hinsitzen, Rasten und Trinken ist der Platz davor jedenfalls allen willkommen, ob man nun an Wunder glaubt oder nicht.

Weitere Tipps für die Region

- Fruchtiges zum Trinken gibt es bei Fruchtsaft Trummer 2km weiter
- Chakrenweg neben der Kapelle
- Therme Stegersbach (S. 94)

Infobox

Man kann direkt vor dem Kirchenplatz parken, der Brunnen ist 24h zugänglich.

Das Wasser darf kostenlos abgefüllt werden und ist trinkbar.

42 Hochseilgarten Stegerspark

Wer sagt eigentlich, dass es im Südburgenland nicht hoch hinaus geht? Der Hochseilgarten in Stegersbach, der sich logischerweise Stegerspark nennt, belehrt jedenfalls eines besseren und schickt Leute in luftige Höhen.

Es gibt Regionen in Österreich, da könnte man jedes Wochenende einen anderen Kletterpark ausprobieren, weil es so viele gibt. Und dann gibt es das Südburgenland. Chef Georg Dorfer hat dem etwas entgegengesetzt und sorgt mit seiner Crew dafür, dass man auch hier Klettermöglichkeiten vorfindet.

Sieben Parcours in unterschiedlichen Schwierigkeitsgraden, ein Kids Trail sowie eine Flying-Fox-Route bieten abenteuerhungrigen Besucherinnen und Besuchern genügend Möglichkeiten für Nervenkitzel. An den höchsten Stellen ist man mehr als 20m über dem Boden.

Tipps zum Stärken in Stegersbach

- Gut essen kann man im Kastell sowie im Gasthof Eberherz
- Schmankerl einkaufen: Bischof Nudeln, Videk, Genussladen und Gurkenprinz

Dabei muss man natürlich nicht jeden Parcours machen. Es geht ja auch darum, die eigenen Grenzen zu erkennen. Kinder dürfen auch gar nicht alle Parcours absolvieren, manche sind erst ab 11 Jahren freigegeben. Sie müssen auch größter als 125cm sein, bei Kindern bis 10 Jahre muss ein Elternteil stets mitklettern.

Selbstverständlich ist eine umfassende Einweisung inklusive. Dass man gutes Schuhwerk und bequeme Kleidung mitbringt, sollte klar sein.

Für Betriebe, Gruppen und Vereine gibt es die Möglichkeit, auch außerhalb der Öffnungszeiten eine Kletterei zu buchen. Es gibt sogar ein eigenes Teambuilding-Programm oder die Möglichkeit eines After-Work-Fun Events. Für Betriebsausflüge kann auch der Grillplatz angemietet werden. Spaß und Adrenalinschub sind jedenfalls garantiert.

Der Eingangsbereich des Hochseilgartens inkl. Kids Trail |
Gut gesichert über die Hängebrücke | Ausblick von oben

Infobox

Öffnungszeiten: Sa, So & Feiertag von 10-18 Uhr | in den Ferien auch Di-Fr | ab 8 Personen auch immer unter der Woche möglich

Eintritt: ab 16 Jahren 25€, ab 11 Jahren 20€, jüngere 15€ | 15% Rabatt mit BC

Anfahrt: an der B57 zwischen Ollersdorf und Stegersbach, gut beschildert

Infos: Homepage *stegerspark.at*

43 Therme Stegersbach

Es ist oft nicht einfach, jedem etwas zu bieten: den Ruhesuchenden, Familien, sportlichen Leuten oder Genussmenschen. Stegersbach kriegt das mit seiner Therme und dem Drumherum aber wirklich gut hin.

Die Therme selbst ist eine Familientherme. Dort findet man mehrere Rutschen, einen Wildwasserkanal und ein Wellenbecken ebenso wie Becken für die Kleinsten. Kinder haben dort einen Riesenspaß.

Wer Entspannung sucht, weicht besser auf den Saunabereich der Therme aus oder gönnt sich ein Day Spa Ticket im angrenzenden Allegria Resort Hotel - sofern man nicht ohnehin dort eingecheckt hat. Der Bereich, der sich *Flüstertherme* nennt, ist Programm. Und auch das ‚Yin Yang Spa' lockt mit purer Entspannung und der Möglichkeit, einmal im Weinfass zu sitzen.

Weitere Tipps für Stegersbach

- Einkehr in der Kaffee-Mühle
- Kunstgarten oberhalb der Golfschaukel
- Gutes zum Trinken: Fruchtsaft Trummer
- Wanderung nach Burgauberg (S. 96)

Vier Hotels befinden sich rund um die Therme, davon zwei mit direktem Zugang. Wer mit Kindern kommt, kann sich ebenfalls im Allegria einbuchen, hier gibt es einen eigenen Familientrakt mit Spieltischen für den Abend und Kinderkino.

Ein großes Aushängeschild der Therme Stegersbach ist das Golfen. Mit 45 Loch befindet sich hier die größte Golfschaukel Österreichs. Aber auch Bike&Hike wird hier großgeschrieben. Zahlreiche markierte Themen– und Rundwege führen durch die hügelige Landschaft rund um Stegersbach. Räder können in den Hotels ausgeliehen werden, Karten mit den Routen liegen auf.

Und dann wäre da noch der Genuss: der Uhudler ist hier zuhause, auf regionale Produkte wird generell viel Wert gelegt. Es ist möglich, sich in den Hotels glücklich zu essen!

Der Außenbereich der Therme Stegersbach |
Infrarotfässer im Yin Yang Spa | Das Wellenbecken in der Familientherme

Infobox

Öffnungszeiten: 9-21 Uhr, Sauna ab 10 Uhr, für Hotelgäste Therme ab 7 Uhr

Eintritt: Tageseintritt für Erwachsene ab 35,50€, Sauna Aufzahlung 10€ | mit Burgenland Card Saunaeintritt gratis | Familientageskarte (2 EW, 1K) ab 73€ | Day Spa im Hotel ab 89€

Infos: Auslastung Therme & Hotel buchen auf *www.allegria-resort.at/therme/*

44 Wandern in Burgauberg

Burgauberg ist ein wahres Wanderparadies. Das liegt sowohl an der Lage, der Umgebung als auch an der Geschichte. Vier spannende Themenwege führen von hier weg und geben Aufschluss über Speis, Trank, Geschichte und Sport.

In der Region um Stegersbach kann man gut und gerne viele Tage zubringen, ohne dass einem langweilig wird. Alleine für die vier Themenwege im angrenzenden Burgauberg kann man schon mal zwei davon reservieren.

Da wäre natürlich das Aushängeschild der Gegend, der Kuruzzenwanderweg (7,5 km). Die Kuruzzen waren antihabsburgerische Aufständische, hauptsächlich aus heutigen osteuropäischen Staaten. Zeitweise kämpften sie auch an der Seite der Türken gegen Österreich. Da die Lafnitz damals die Grenze bildete, kam es hier zu vielen Tumulten. Der Weg berichtet davon.

Weitere Tipps für die Umgebung

- Kunstgarten oberhalb des Golfplatzes
- Reiters Golfschaukel
- Einkehren im Kuruzzen-Buschenschank

Friedlicher geht es am Kinder-Kräuter-Weg (2,9 km) zu. Dieser führt über Wiesen und Wälder zu 20 Stationen, an denen man viel über Wildkräuter lernen kann. Das ist auch für Erwachsene sehr interessant.

Mit dem Kräuterweg verbinden lässt sich der Uhudlerwanderweg (2,8 km). Sechs Musterhecken verschiedener Uhudlersorten, Schautafeln und Uhudlerweingärten passiert man dabei. Es liegen einige Winzer am Weg, sodass man sich auch ein Fläschchen für später in den Rucksack packen kann.

Außerdem gibt es noch den 8 km langen Golf-Geschichten-Weg, der vom Werdegang als Golfregion berichtet.

Letzterer startet im Dorfzentrum von Burgauberg, die anderen bei der Aussichtswarte, die einen fantastischen Ausblick bietet, bevor man dann loswandert.

Blick über Burgauberg von der Aussichtswarte |
Malerischer Uhudlerwanderweg | Wald, Täler, Weinberge

Infobox

Dauer: je nach Länge 1-2 Stunden pro Themenweg

Höhenmeter: zwischen 60hm und 130hm je nach Strecke

Parken: Direkt bei der Aussichtswarte möglich

Infos: Beschreibungen auf *burgauberg-neudauberg.at*, GPS zum Nachwandern auf *bergfex.at* zu finden

45 Das Moor in Rohr

Schon der Pumuckl sagte „Alles was sich reimt ist gut". Und recht hatte er. Denn das Moor in Rohr ist ein mehrfach ausgezeichnetes Ausflugsziel mit einem unfassbar wichtigen Auftrag: die Moore der Welt zu erhalten.

Wenn man von dem Moor nichts weiß, fährt man vermutlich daran vorbei. Oder man kommt gar nicht erst dorthin, denn es liegt abseits der Hauptstraße ganz versteckt im Zickenbachtal. Wer es aber kennt, wird mit vielen Informationen und Attraktionen überrascht.

Das Moor misst an die 42 Hektar und ist somit das größte Moor im pannonischen Raum. Messungen haben eine Tiefe von 13 Metern ergeben, was einem Alter von etwa 10.000 Jahren entspricht. Da es unglaublich viel CO2 bindet, ist der Schutz der Moore wichtig und das Bildungsziel des Vereins „Rund ums Moor".

Weitere Tipps rund ums Moor

- Im Gasthaus Kaufhaus Thomas Supper in Rohr kann man das Ochsenfleisch verkosten und kaufen
- Zickentaler Bier (S. 102)

Die gesamte Moorfläche steht unter Naturschutz und kann nicht einfach so begangen werden. Es führt aber ein Themenweg durch das Moor, der an einer Stelle sogar die Möglichkeit zum Moortreten bietet - also Schuhe aus und rein in den Schlamm!

Für das Moor wurde sogar eine eigene App entwickelt, die mittels gesprochenen Texten durch den Themenweg führt. Sowohl Schulen als auch Privatgruppen können auch Führungen oder lustige Abenteuer wie Moorbohren oder ein Moorpicknick buchen.

Hier lebt übrigens auch die kulinarische Spezialität der Region, der Zickentaler Moorochse. Drei Jahre verbringen die Tiere - nur die ungedüngten, mageren Gräser fressend - hier und fungieren als Klimaschützer, weil sie für den Erhalt des Moors sorgen. Mit etwas Glück kann man die friedlichen Riesen aus der Nähe sehen.

Das Tor zum Moor: Start des Wanderwegs |
Moortreten erlaubt und erwünscht | Die neugierigen Moorochsen

Infobox

Dauer: Wanderweg „Rund ums Moor“ ca. 2,6km, Gehzeit 1h

Kosten: individuell kostenlos, private Gruppenangebote zw. 25 und 30€

Parken: rund um die Kirche in Rohr

Infos: Video, alle Angebote und den Link zur Moor-App gibt’s auf der Homepage *lust-auf-moor.at*

46 Landtechnikmuseum

Das Südburgenland war lange Zeit bäuerlich geprägt. Das Landtechnikmuseum in St. Michael zeigt viele Exponate aus vergangener Zeit, die bei vielen nostalgische und weniger nostalgische Erinnerungen auslösen.

Wie vielseitig können Landmaschinen, Handwerkszeuge und für damalige Zeiten revolutionäre Techniken sein? Das Landtechnikmuseum in St. Michael im Burgenland beantwortet diese Frage klar: Sehr! Wie sonst würde man eine 2700 m² große Halle wohl füllen können?

Im Jahr 1995 wurde das Museum vom pensionierten Maschinenhändler Josef Matisovits gegründet. Man trug in durchaus mühevoller Groß– und Kleinarbeit Maschinen aus dem ganzen Land zusammen - auch riesige Dampfmaschinen oder Heuwägen. Einfach alles, was man früher am Land eben so brauchte.

Weitere Tipps für die Region

- Einkehr im Gasthaus zum Storch
- Fahrt auf den Csaterberg (S. 80)
- Im Sommer: Badesee Rauchwart

Über 2000 Exponate sind so über die Zeit zusammengekommen: Vom Traktor über die Dreschmaschine, vom Kukuruzrebler bis zur Schusterwerkstatt.

Die Traktoren nehmen dabei natürlich besonders viel Platz ein: In der großen Halle des einstigen Industriegebäudes sind sie ausgestellt. Besonders stolz ist man auf den ältesten Traktor hier, einen Fordson aus dem Jahr 1920, sowie auf die erste vollständige Porsche-Traktoren Sammlung.

Aber nicht nur dem Ackerbau, sondern auch dem Weinbau, Haushalt und Handwerk sind eigene Räume gewidmet. Viele der Ausstellungsstücke, die eine Zeitreise durch 200 Jahre Landwirtschaft ermöglichen, sind mittlerweile denkmalgeschützt.

Als Draufgabe ist noch die Sonderausstellung „Gelebte Gemeinschaft“ über die Minderheiten im Burgenland empfehlenswert.

Eine große Sammlung an historischen Traktoren |
Spannende technische Details | Diverse alte Gerätschaften

Infobox

Öffnungszeiten: Von 1.Mai bis 31.Oktober täglich von 9-12 und 13-17 Uhr

Eintritt: Erwachsene 7€, ermäßigt ab 4,50€ | kostenlos mit Burgenland Card

Parken: direkt vor dem Museum

Infos: Auf *landtechnikmuseum.at* & der dazugehörigen Facebookseite

47 Zickentaler Brauerei

Das Südburgenland ist weithin bekannt für seinen Wein, auch mit Schnäpsen verbindet man es noch. In Heugraben im Zickental sorgt man jetzt für hopfiges Gegengewicht.

Seit 2016 betreibt Patrick Krammer im alten Wirtschaftsgebäude der Großeltern die Brauerei ‚Zickentaler Bier'.

Mehrere Stammsorten gibt's ebenso im Sortiment wie Spezialbiere und mit der ‚Freibrauerei Maurer' auch eine Craft-Beer-Marke. Köstlich sind sie alle. Und es wäre ja nicht das Südburgenland, gäbe es nicht auch ein Uhudlerbier.

Für ganz Neugierige werden Brauseminare, Führungen und Verkostungen angeboten. Sollte die Brauerei nicht geöffnet sein, kann man das Bier auch am Kühlschrank vor dem Lokal kaufen. Ein Online-Shop stellt die Versorgung ebenfalls sicher.

Infobox

Öffnungszeiten: Fr 16-20 und Sa 10-13 Uhr, von Mai bis Oktober zusätzlich auch Do und Sa Nachmittag geöffnet

Infos: *zickentaler-bier.at*

Außerdem: Bierquelle und Appartements

- Essen und gemütlich Trinken kann man in der Gastwirtschaft der Brauerei
- Nebenan kann man sich auch in ein Appartement (bis 4 Personen) einmieten

48 Lamas vom Elfenhof

In Neusiedl bei Güssing kann man mit tierischer Unterstützung durch die Hügellandschaft wandern und dabei auch noch etwas über die Andenbewohner lernen.

Ganz versteckt abseits wohnt Margit Hofmann mit ihren 10 Lamas. Es ist der perfekte Ort, um die sanften Tiere zu halten und sie spazieren gehen zu lassen - mit Menschen an der anderen Seite der Leine. Buchbar ist eine Lamawanderung bereits ab 2 Personen.

Die Wirkung der Tiere stellt sich sofort ein: „Lamas beruhigen ungemein", meint die Chefin. Damit fügen sie sich perfekt in den sanften Tourismus des Südburgenlands ein. Sanft sind übrigens auch die Schuheinlagen aus Lamawolle, die man hier kaufen kann.

Weitere Tipps für die Region

- 200m entfernt: Garten der Seele
- Weinhäuschen in Limbach
- Apfeldorf Kukmirn (S. 104)

Infobox

Wanderungen sind ganzjährig nach Voranmeldung ab 2 Personen möglich.
Kosten: 24€, bis 13 Jahre 12€

Infos: *lama-wanderung.at*

49 Apfeldorf Kukmirn

Im Herbst kann man sich des Eindrucks nicht erwehren, dass die Luft nach reifen Äpfeln riecht. Kukmirn gilt als das Apfeldorf des Burgenlands, hat aber noch eine andere Besonderheit aufzuweisen.

Der Name ‚Kukmirn' erscheint seltsam, nicht? So ungewohnt und unbekannt. In der Tat ist kein einziges anderes Dorf auf der Welt bekannt, das so heißt (alle St. Georgens Österreichs dürfen neidvoll blicken). Und: Der Ursprung des Namens ist unbekannt. Er könnte sich von wildwachsenden Kürbissen (‚Cucurbita'), einem ungarischen Adelsgeschlecht oder den Kelten ableiten, man weiß es nicht.

Belegt ist hingegen, dass schon im 14. Jhd. hier Obstbau betrieben wurde. Heute sind es ungefähr 400 Hektar, die so bewirtschaftet werden. Kein Wunder, wenn es da duftet!

Wander- und Radtourtipps

Rund um Kukmirn gibt es auch viele ausgeschilderte Wanderwege, wie etwa die Rund-ums-Apfeldorf-Tour oder die Edelbrandtour. Mit dem Fahrrad bietet sich der Apfelradweg an.

Am Rande des Dorfzentrums von Kukmirn liegt ein kleiner, öffentlicher Obstlehrpfad mit verschiedenen Apfel- und Birnenbäumen, auch Pfirsiche sind vertreten.

Wer sich von den Produkten, die aus den Äpfeln hergestellt werden, überzeugen will, kehrt einfach bei einem der Obstbauern ein. Diese befinden sich zumeist südlich des Dorfes auf den Hügeln. Viele verkaufen ab Hof im eigenen Laden und nehmen sich auch spontan Zeit für Verkostungen, wie etwa der Obsthof Zotter, der Obstgarten Nikles oder das Obstgut Hoanzl. Wenn sich die Gelegenheit bietet, darf man auch den Brennkessel bewundern.

Denn neben Säften, Aufstrichen und dem puren Obst sind die Brände das Aushängeschild von Kukmirn. Das Wort ‚Schnapsdorf' liegt einem beinah auf der süßen Zunge!

Blick auf das Dorfzentrum von Kukmirn |
Apfel am Baum | Die Arbeit in den Obstgärten

Infobox

Öffnungszeiten: je nach Hof unterschiedlich, die meisten haben jedoch von Mo bis Sa geöffnet (Mittagspausen beachten!)

Eintritt: Verkostungen bei Einkauf oft kostenlos, bei Puchas ab 3,80€

Obstlehrpfad: An der Eltendorfer Landesstraße, vis-a-vis der Häuser mit den Nummern 23 & 25

50 Freilichtmuseum Gerersdorf

Alte burgenländische Architektur erhalten, Handwerk nicht aussterben lassen und Kultur pflegen: Das alles geschieht im Freilichtmuseum Gerersdorf bei Güssing. Vom Weingarten in die Glaserei in nur drei Minuten!

Es dürfte die klassische Liebe auf den ersten Blick gewesen sein, als Museumsgründer Prof. Gerhard Kisser 1970 ein altes, strohbedecktes Bauernhaus im Südburgenland entdeckt hat. Es war eines der letzten seiner Art, die berühmten, typisch burgenländischen Strohdachhäuser starben zu der Zeit schon aus.

Lange Geschichte, kurz erzählt: Er kaufte das Haus mit angrenzenden Grundstücken und sammelte im ganzen Burgenland alte Gebäude zusammen, die hier am Riegelberg wieder aufgestellt wurden. Mit seinen 34 Objekten kürt es sich zum größten Freilichtmuseum des Landes.

Einkehrtipps

- Im Schankstadl (Eingangsbereich) vom Museum
- Die Bergschenke am Ungerberg
- ‚Zum jungen Dorfwirt' in Neustift b. G.

Dabei werden aber nicht nur die Gebäude selbst gezeigt, sondern auch, was sich darin befindet: Von der Schusterwerkstatt bis zur Weinpresse, von Bienenkörben bis Rauchkuchl - kaum ein Aspekt des früheren, bäuerlichen Lebens, der hier nicht Beachtung findet. Auch Saustall und Plumpsklo, wie man sie vielleicht noch vom großelterlichen Hof kennt, fanden Platz.

Doch im Freilichtmuseum Gerersdorf darf nicht nur geschaut werden, sondern auch mitgemacht. Laufend gibt es Workshops, in denen man zum Beispiel lernen kann, wie man mit Lehm ein Haus verputzt oder eine Schale drechselt.

Am Ende des Besuchs dieses wunderbaren Ensembles ist man nicht nur reicher an Wissen, sondern auch beeindruckt davon, wie einfach, aber praktikabel Menschen früher gelebt haben.

Eines der großen Bauernhäuser |
Strohbedecktes Bauernhaus | Hölzerne Nebengebäude und Werkstätten

Infobox

Öffnungszeiten: Von 1. April bis Mitte November: täglich 10-18 Uhr, im Sommer bereits ab 9 Uhr, ab Mitte Oktober bis 16 Uhr

Eintritt: Erwachsene 6,50€, div. Ermäßigungen | kostenlos mit Burgenland Card

Parken: neben dem Eingangsgebäude bzw. im unteren Bereich des Museums

Infos: *freilichtmuseum-gerersdorf.at*

51 Burg Güssing

Sie ist wahrscheinlich die markanteste aller Burgen im Land: Die Burg Güssing. Hoch oben stehend, blickt man von ihr weit über die sanften Hügel bis hinein in die ungarische Tiefebene. Ist nur mehr die Frage: Gehen oder fahren?

Die Burg Güssing ist die älteste Burg des Burgenlandes und hat ihren Ursprung im Jahr 1157. Zunächst als Wehranlage aus Holz erbaut, ließ der ungarische König Bela III. bereits gegen Ende des 12. Jahrhunderts eine steinerne Festung bauen.

Die Burg wechselte im Laufe der Jahrhunderte oftmals ihre Besitzer, zu denen natürlich auch die Güssinger Grafen zählten. Seit 1524 ist aber Ruhe mit den vielen Wechseln, seither gehört die Burg Güssing den Batthyánys. Lange Zeit war Güssing die Hauptresidenz der Fürstenfamilie. 1777 wurde sie als Wehrburg aufgegeben.

Weitere Tipps für Güssing

- Gutes Mittagsmenü gibt es - neben Eis und Kaffee - im Bistrot Mokka&Gelati
- Im Sommer: Burgspiele Güssing und Freibad mit Burgblick

Lange Zeit dem Verfall preisgegeben, wurde sie in den letzten hundert Jahren mehrmals renoviert. Heute präsentiert sie sich als Burg mit unfassbar schöner Aussicht, Ausstellungen und als Hochzeitslocation. In der Dauerausstellung werden Sammelstücke der fürstlichen Familie Batthyány gezeigt, egal ob es sich dabei um Musikinstrumente, Kunstobjekte oder Jagdtrophäen handelt. Bis heute sorgt eine Stiftung der Batthyánys in Zusammenarbeit mit dem Land Burgenland für den Erhalt der Burg.

Für den Auf– und Abstieg kann man zwei Varianten wählen: Entweder aus eigener Kraft über den Fußweg oder mit dem Schrägaufzug. Wer nur auf einen schnellen Ausblick aus ist, kann sich oben am Plateau frei bewegen. Wer allerdings in die Burg hineingeht und den Turm besteigt, sieht noch weiter - bis irgendwann am Horizont Berge im Weg sind.

Erbaut auf einem erloschenen Vulkan hoch oben |
Fußweg hinab mit Blick bis zum Geschriebenstein | Der Gemäldesaal

Infobox

Öffnungszeiten: Mitte März bis Ende Oktober Di-So 10-17 Uhr

Eintritt: Erwachsene 8,50€ | Schrägaufzug 2€ pro Fahrt | kostenlos mit BC

Parken: Parkplatz gegenüber vom Friedhof, Zufahrt über Batthyánystraße, von dort Zugang zum Aufzug oder zum Fußweg. Achtung: keine Zufahrt hinauf!

Infos: *burgguessing.at* oder über die Seite der Schlösserstraße

52 Batthyány-Gruft

Das Adelsgeschlecht Batthyány ist eng mit der Geschichte des Südburgenlands verbunden. Unter ihrer Herrschaft wurde viel geschaffen und erbaut. Es ist daher nur logisch, dass sich auch ihre letzte Ruhestätte hier befindet.

Bereits im Jahre 1524 erhielt Franz I. Batthyány die Burg Güssing als Geschenk für den Sieg in einer Schlacht über die Osmanen geschenkt. Gut 100 Jahre lang sollte es allerdings noch dauern, bis das Franziskanerkloster mitsamt der Familiengruft gegründet wurde.

Es war Ádám I. Batthyány, der sich dafür verantwortlich zeigte. Er war derjenige, der wieder zurück zum katholischen Glauben wechselte, seine Vorfahren waren in mehreren Generationen protestantisch. Infolgedessen holte er den Orden der Franziskaner nach Güssing und stiftete ihnen das Kloster.

Weitere Tipps rund um die Gruft

- Ebenfalls sehenswert: die Klosterbibliothek mit 7000 Werken. Führung in der Pfarre anfragen
- Statue von Ladislaus vor der Kirche

Ádáms Sarg und jener seiner Frau Aurora Katharina sind somit auch die ältesten in der Gruft und stehen in einer eigenen Nische.

Heute zählt die Batthyány-Gruft über 100 Särge und etliche Herzurnen, was sie zur zweitgrößten Familiengruft Österreichs macht, übertrumpft nur von der Kaisergruft in Wien. Während einer Führung durch die Gruft erfährt man von einem Klosterbruder höchstpersönlich viele Details zum Leben und Sterben der Familie und Geschichten, die so nirgends zu lesen stehen. Ein bisschen gruseln ist dabei erlaubt.

Doch nicht alle Batthyánys wurden in der Gruft begraben. Der selige Ladislaus liegt etwa in einem Schrein in der darüberliegenden Kirche, Franziska Batthyány liegt am Friedhof in Pinkafeld, wo sie auch das St. Vinzenz-Kloster stiftete.

Der größte Raum der Gruft mit vielen Sarkophagen | Särge von Ádám und seiner Frau | Die Franziskanerkirche Güssing von oben

Infobox

Öffnungszeiten: Die Gruft ist nicht öffentlich zugänglich, eine Führung kann man aber in der Pfarrsakristei buchen (unbedingt voranmelden!)

Eintritt: Führung 5€ | in Gruppen ab 10 Personen 4€ pro Person

Parken: Entlang der Hauptstraße oder in der P. Gratian Leser-Straße

Infos: Pfarrsekretariat Telefon +43 3322 / 42339 | Mail: guessing@rk-pfarre.at

53 Auswanderermuseum

„Die größte Stadt des Burgenlands ist Chicago", hört man oft. Warum da etwas Wahres dran ist und so viele Menschen zu Beginn des 20. Jahrhunderts ihr Glück in der Ferne suchten, darüber berichtet das Auswanderermuseum.

Die alte Hofmühle in Güssing wirkt, als würde sie ein bisschen verloren in der Gegend herumstehen. Auf der einen Seite die belebte Bundesstraße, auf der anderen Wohngebiet, umringt von Ackerflächen. Eigentlich passt dieses Bild ganz gut, denn wie verloren müssen sich die vielen Auswanderer wohl gefühlt haben?

Unzählige verließen Ende des 19. und zu Beginn des 20. Jhds. Europa, um in Nord– oder Südamerika neu anzufangen. Auf der Suche nach Arbeit und Wohlstand emigrierten besonders viele Leute aus dem Südburgenland.

Weitere Literatur zum Thema

- Vier Mal jährlich erscheint die Zeitschrift der Bgld. Gemeinschaft (s. Homepage)
- Buch: ‚Die Amerika-Wanderung der Burgenländer' von Walter Dujmovits

Die Gegend war ländlich geprägt und bitterarm, es gab kaum Arbeit. Kein Wunder also, dass so viele die Schiffe in die USA bestiegen. Denn dorthin wanderten die meisten aus der Gegend aus, an die 60.000 dürften es insgesamt aus dem Burgenland gewesen sein.

Seit vielen Jahren kümmert sich die *Burgenländische Gemeinschaft* um den Erhalt des Kontakts zwischen Ausgewanderten und Dagebliebenen. Das jährlich stattfindende ‚Burgenländer Picnic' in Moschendorf gehört zu den Highlights dieser Aktivitäten, zu dem auch stets die amtierende ‚Miss Burgenland' aus New York kommt.

Im Museum sind zahlreiche Exponate der Auswandererwelle ausgestellt: Fahrpläne von Schiffen, Koffer, nach Hause versandte Dinge. Und ein Verzeichnis aller Auslandsburgenländer.

Das Museum war einmal eine Mühle |
Eine Fahne der Auslandsburgenländer und Fotos | Fahrpläne der Schiffe

Infobox

Öffnungszeiten: 1. Mai bis 31. Oktober immer Sa, So & Feiertags von 14-18 Uhr

Eintritt: 3€

Parken: keine Parkplätze, möglich beim Gummikreisel oder im Mühlengrund

Infos: Homepage der Burgenländischen Gemeinschaft *burgenlaender.com* oder unter +43 3322 / 42598

54 Maria Weinberg

Fragt man Weinliebhaber, so werden diese sagen, Maria Weinberg ist der vermutlich schönste Wallfahrtsort des Südburgenlandes. Da ist was dran!

Denn eine Wallfahrt in die Weinberge ist selbst für Nichtgläubige ein reizvolles Unterfangen. Die Pfarrkirche von Gaas steht präsent auf einem Hügel, umgeben von Wald und Weingärten. So scheint es nur passend, dass die Marienstatue im Inneren des Gotteshauses „Weinbergerin" genannt wird.

Dabei war die 1155 errichtete Kirche einst eine Burgkapelle der nicht mehr existierenden Burg Kertes. Sie wurde dann allerdings um 1500 herum neu errichtet, den gotischen Stil kann man innen noch gut sehen. Was hier besonders ist: Wie früher liegt der Friedhof noch um die Kirche herum.

Infobox

Die Besichtigung ist kostenlos, die Kirche meist geöffnet

Zwei Wanderwege führen daran vorbei: *Rundweg Gaas* und *Rundweg Steinfurt*

Tipps für Maria Weinberg und Gaas

- Im Juni kann man hier echte Weinritter sehen: dann feiern sie das Jahresfest in ihrer Stammkirche
- Sehr gute Pizza: Gaaser Dorfstube

55 Weinmuseum Moschendorf

Moschendorf ist das organisatorische Zentrum des Naturparks Weinidylle. Hier findet man so manche Info zum Thema Wein, aber auch die ein oder andere gute Flasche.

Das Weinmuseum in Moschendorf ist kein einzelnes Museumsgebäude, es ist ein Mix aus Freilichtmuseum mit vielen Kellerstöckeln, alten Bauernhäusern und Vinotheken. Am Gelände gibt es einen kleinen Weinlehrpfad mit Schautafeln und Erklärungen.

In der Uhudlervinothek dreht sich alles um das Aushängeschild des Südburgenlands, den Uhudler. In der Gebietsvinothek gibt es die besten Weine der Weinidylle zu verkosten. Auf Anfrage gibt es hier auch eine Brettljause und eine Führung durch die Gebäude.

Weitere Tipps fürs Weinmuseum

- Von hier aus führt eine gemütliche Wanderung zur Kirche Maria Weinberg
- Nach einer „Prüfung" und Verkostung kann man hier Uhudlerbotschafter:in werden

Infobox

Öffnungszeiten Vinothek: 1. Mai bis 31. Oktober Do-So 14-19 Uhr

Führungen bzw. Jause im Vorfeld buchen (Hr. Schlaffer, +43 664 / 505 73 57)

56 Kellerviertel Heiligenbrunn

Direkt kitschig wirkt es, das Kellerviertel Heiligenbrunn. Als hätte jemand die Weinkeller für eine Filmkulisse aufgebaut. Dabei handelt es sich aber um ein original erhaltenes Kellerviertel, das in seiner Art einzigartig ist.

Wer auf der Suche nach Besonderheiten ist, sollte das Kellerviertel in Heiligenbrunn besuchen. Denn hier befindet sich eine große Ansammlung ursprünglicher, burgenländischer Bauten, die in dieser Form schon seit 200-300 Jahren stehen.

Auch wenn man vermuten mag, dass es sich hierbei um ein Freilichtmuseum handelt, ist dem nicht so. Die gut 140 Kellerbauten sind alle in Privatbesitz und werden oftmals noch für ihren ursprünglichen gedachten Zweck verwendet: dem Lagern von Wein. Von diesen sind etwa noch 80 strohbedeckt, viele wurden renoviert.

Weitere Tipps für Heiligenbrunn

- Holzskulptur: Die größte Uhudlertraube der Welt
- Ulrichskapelle mit Brunnen
- Schachblume im Ortsteil Luising (S. 118)

Die Keller, die vor 1850 erbaut wurden, bestehen noch aus ihrem originalen Material: Holz und Lehm. Nachhaltigkeit in seiner reinsten Form also.

Das Kellerviertel Heiligenbrunn erstreckt sich etwas oberhalb des heutigen Ortszentrums über den Stifterberg und den Zeinerberg. Einen Spaziergang oberhalb der Weinberge sollte man dabei nicht auslassen, es bietet sich ein wunderschöner Blick über das Viertel und Heiligenbrunn selbst bis nach Ungarn.

Unter dem Motto „Die 4 Jahreszeiten in der Heimat des Uhudlers“ finden vier mal jährlich große Feste hier statt, vom Uhudlerfrühling bis zum Advent in der Kellergasse.

Wer gern mehr über das Kellerviertel wissen und einen Blick in die Gebäude werfen will, nimmt am besten an einer Führung teil.

Eines der alten strohbedeckten Lehmhäuser |
Blick vom Weinberg auf das Kellerviertel | Im Kellerviertel bleibt die Zeit stehen

Infobox

Öffnung: Kellerviertel immer offen, Führungen jeden Sa von April-Oktober um 15:30 Uhr, Treffpunkt Rübezahlskulptur oder ab 10 Personen nach Anmeldung

Eintritt: Führungen 5€

Parken: 4 ausgeschilderte Parkplätze rund ums Viertel

Infos: Wissenswertes und Führungen auf *kellerviertel-heiligenbrunn.at*

57 Schachblume in Luising

Dass die Schachblume in Luising/Hagensdorf blüht, ist eine doppelte Seltenheit: Sie zeigt sich nur wenige Wochen im Jahr und öffentlich nur an zwei Orten Österreichs.

Will man die seltene Schachblume bewundern, muss man zur richtigen Zeit am richtigen Ort sein. Neben Großsteinbach in der Steiermark blüht sie nur in Luising/Hagensdorf im Südburgenland, und das nur Ende März/Anfang April, also um Ostern herum.

Ein Grund, warum die Schachblume so selten ist: sie braucht magere Feuchtwiesen, und die gibt es kaum mehr. Hier zum Glück schon. Ganz in der Nähe der ungarischen Grenze, zwischen Pinka, Strem und kleinen Wassergräben, findet man die hübsche Blume.

Infobox

Anfahrt: Am südlichen Ende der Ortschaft Richtung Osten auf den Schachblumenweg abbiegen, vor dem Wassergraben und der Brücke parken

Die zwei Schachblumenwiesen

Neben der Wiese nahe der Grenze in Luising gibt es auch im Ortsteil Hagensdorf noch eine Schachblumenwiese kurz vor der Ortseinfahrt

58 Kirche St. Emmerich

Einst Pfarr– und Wallfahrtskirche von Inzenhof, Tschanigraben und einigen ungarischen Gemeinden, stand sie lang im Niemandsland. Heute ist sie ein Symbol der Freundschaft.

Um die burgenländische Geschichte verstehen zu können, muss man manchmal auch über die Grenze schauen. Etwa zur Kirche St. Emmerich (ung. Szent Imre), die heute zur ungarischen Gemeinde Rönök gehört.

Bis zum Zweiten Weltkrieg war sie die Pfarrkirche umliegender Gemeinden. Später stand sie genau am Grenzstreifen, umgeben von Minen, und wurde von den Kommunisten dem Verfall preisgegeben. Mit dem Fall des Eisernen Vorhangs wurde die Kirche Anfang der 90er renoviert und stellt heute ein Symbol für ein vereintes Europa, sowohl Ungarn als auch Österreicher feiern ihre Gottesdienste hier.

Wanderung zur Kirche St. Emmerich

Parken beim Friedhof Inzenhof, 200 Meter in östliche Richtung gehen, dann rechts abbiegen, den Forstweg 2km entlang. Gehzeit ca. 1/2 h

Infobox

Die Kirche liegt wenige Meter nach der Staatsgrenze, die ohne weiteres passiert werden kann.

Messe jeden Samstag um 16 Uhr

59 Uhudlerviertel Eltendorf

Es ist einer der verträumtesten Plätze im ganzen Südburgenland. Das Uhudlerviertel in Eltendorf strahlt das aus, wofür der Uhudler steht: Genuss, Gemütlichkeit und Geselligkeit.

So manchen Menschen geht das Herz auf, sobald sie auch nur das Schild sehen, das vom Dorfzentrum hinauf auf den Hochriegel führt. „Uhudlerviertel" steht drauf auf dem Schild, und es hält, was es verspricht.

Am Südhang nördlich von Eltendorf, gleich hinter Zahling, wächst der Uhudler nämlich nicht nur, hier wird er auch gefeiert und genossen. Entweder in der *Hoch-Zeitschenke* der Uhudlerei Mirth, in der man auch deftig wie süß speisen kann, in einem der mietbaren Kellerstöckl oder im Selbstbedienungskühlschrank inkl. Platz neben den Weinreben.

Weitere Tipps rund ums Uhudlerviertel

- Romanische Kirche Zahling (S. 122)
- Störche vor dem Gemeindeamt beobachten
- Bei Weinbau Wiener Uhudler kaufen

Dabei soll und darf man sich ganz der Langsamkeit hingeben: Im Frühjahr der Natur beim Erwachen zusehen, im Sommer mit den Menschen plaudern, im Herbst die Farben auf sich wirken lassen. Im Winter allerdings ist man mit Fuchs, Hase und Weinbauern allein hier.

Man kann natürlich mit dem Auto herfahren, noch schöner ist es aber zu Fuß oder mit dem Fahrrad. Das Viertel liegt am Uhudlerradweg, am Schwarzstorchwanderweg und am Uhudler-Kunstwanderweg. So sieht man dann auch Eltendorf und Zahling, jene Orte, zwischen denen das Uhudlerviertel liegt. Vom Hochriegel aus hat man übrigens auch einen schönen Ausblick.

Allerdings: man sollte hier schon eine großzügige Pause einplanen. Denn bei ein, zwei Glaserl Uhudler hat noch jeder die Zeit vergessen.

Sitzen in den Uhudlerweinbergen |
Die Hoch-Zeitschenke | Ein bisschen Genuss muss hier sein

Infobox

Öffnungszeiten: Hoch-Zeitschenke von Mitte April bis Mitte Oktober von Do-Mo 15-24 Uhr, Sa+So ab 12 Uhr| Uhudlerfest aller Betriebe im Viertel immer am ersten Septemberwochenende

Parken: direkt im Uhudlerviertel vor der Infotafel

Infos: Alle Wanderrouten im Folder auf *eltendorf.at/wanderwege.html*

60 Romanische Kirche Zahling

Zahling ist ein Beispiel dafür, dass Sensationen nicht nur an bekannten Orten passieren. Was man hier in der Filialkirche in dem kleinen Dorf entdeckt hat, darf sich nämlich ohne Übertreibung sensationell nennen.

Zahling ist ein kleines Dorf, das zur Gemeinde Eltendorf gehört, und zählt ungefähr 360 Einwohner. Ein Nest, quasi. Aber eines von kunsthistorischer Bedeutung.

Hier steht nämlich eine der ganz wenigen noch erhaltenen romanischen Kirchen der Gegend: Die Kirche des Hl. Laurentius, eine der Urpfarren des Lafnitztals. Wobei man hier schon beim ersten bedeutsamen Faktum angelangt ist: Die Kirche dürfte um 1300 erbaut worden sein - evtl. auf römischen Mauern, so genau weiß man das nicht. Da war in vielen Teilen Europas bereits der gotische Stil vorherrschend.

Weitere Tipps für die Region

- Bogenschießen kann man am Krumphof in Poppendorf
- Toller Badesee für den Sommer: Naturbadesee Königsdorf

Jedenfalls wurde 1966 bei Renovierungsarbeiten an der Außenmauer der Kirche ein romanisches Fresko entdeckt, das den Hl. Christopherus zeigt. Leider ist es stark verwittert.

Ein wirklich spektakulärer Fund gelang dann nach der Jahrtausendwende. Bei einer neuerlichen Restauration fand man in der Apsis Fresken aus dem frühen 14. Jahrhundert. Jesus stellt dabei das zentrale Element dar und wird von den Aposteln flankiert. Auch hier zeigt sich wieder: Der Stil hätte eher ins 12. Jhd. gepasst. Als die Fresken also in Zahling gemalt wurden, waren sie in Frankreich oder England schon längst wieder out.

Ebenfalls spannend: Der Kirchturm erinnert ein bisschen an einen Wachturm. Nachdem Schießscharten gefunden wurden, dürfte er wirklich zur Abwehr gedient haben.

Die Kirche des Hl. Laurentius von außen |
Innen mit Blick auf die Apsis | Teil der romanischen Fresken

Infobox

Öffnungszeiten: keine regulären Zeiten, tagsüber sollte geöffnet sein

Eintritt: freiwillige Spende

Parken: vor dem Friedhof

Infos: für Fragen zu Öffnungszeiten am besten die Pfarre Königsdorf kontaktieren unter +43 3325 / 2503

61 Kunstoase Slatar

Manchmal stößt man an Orte, die man nicht sucht, aber trotzdem gern findet. Die Kunstoase Slatar in Rudersdorf ist so ein Platz.

Es lohnt sich, hier anzurufen und zu fragen, ob man kommen darf. Mit etwas Glück ist die Künstlerin Waltraud Slatar zuhause und man kriegt bei einem Plausch Einblick in ihre Kunst. Die großen Skulpturen im Hof entlocken dabei schon so manches Staunen.

In ihrem Atelier gibt's dann Bilder zu bewundern, die man ebenso wie die Skulpturen auch kaufen kann.

Wer aber das volle Programm hier genießen will, mietet sich für ein paar Nächte in die Gästewohnung ein. Schlafen umgeben von Kunst - ein Erlebnis!

Infobox

Besuche möglich Mo-So von 10-17 Uhr, vorher anrufen: +43 664 / 163 5145

Gästewohnung anfragen unter *kunst.slatar@gmx.at* (mind. 3 Nächte)

Weitere Tipps für die Region

- Fr. Slatar bietet auch Malkurse an, Termine bitte anfragen
- Park mit dem alten Schloss Batthyány und dem hübschen Parkcafé

62 Fritz Mühle

Kaum jemand denkt bei Kürbiskernöl ans Südburgenland. Doch es ist ein Produkt, das man sich mit der angrenzenden Steiermark teilt.

Steirisches Kürbiskernöl ist weit über die Grenzen hinweg berühmt. Doch auch jenseits der Lafnitz wird das grüne Gold produziert, wie etwa in Rudersdorf in der Fritz Mühle.

Dort werden seit über 100 Jahren Kürbiskerne gepresst. Obwohl dies heute wie überall auch mit modernen Maschinen passiert, gibt es hier auch noch eine alte, funktionstüchtige Steinmühle. Damit wird in Handarbeit das Bio-Kernöl von der Steinmühle hergestellt - eine wahre Gaumenfreude!

Wer nicht nur zum Verkosten und Einkaufen kommen, sondern mehr wissen will, kann um eine Führung anfragen.

Weitere Tipps für die Region

- Im angrenzenden Limbach gibt es einige schöne Themenwanderwege: Apfelpanorama, Walderlebnisweg, Sagenerlebnisweg oder die Schmankerlrunde

Infobox

Öffnungszeiten: Mo-Fr 6-13:30 Uhr

Homepage & Online-Shop:

fritzmuehle.at

63 Schlösslberg Mogersdorf

Einer der wohl spannendsten historischen Orte im Südburgenland ist der Schlösslberg in Mogersdorf. Er war Schauplatz einer verheerenden Schlacht - nun beheimatet er einen Friedensweg.

Der Schlösslberg hat aufgrund seiner strategischen Lage schon so manchen Kampf gesehen. Die jüngste Schlacht fand im Zweiten Weltkrieg statt, länger her ist der legendäre Kampf unter der Führung des Grafen Montecuccoli mit den Osmanen 1664 .

Dieser berühmten *Schlacht von Mogersdorf*, die als eine der vier wichtigsten Kampfhandlungen gegen die Osmanen gilt, da mit ihr einer Ausbreitung des Reichs nach Westen Einhalt geboten wurde, wird im Kreuzstadelmuseum thematisiert. Die drei Räume des alten Stadels zeigen die militärischen Details der Schlacht sowie den Film *1664*.

Weitere Tipps für Mogersdorf

- Einkehr im Restaurant Kreuzstadel direkt am Schlösslberg (Di Ruhetag)
- Diverse Veranstaltungen (z.B. Adventmarkt) in der Alten Dorfschmiede

Der Schlösslverein Mogersdorf hat es sich zur Aufgabe gemacht, das historische Wissen des Ortes zu bewahren und bietet auch Führungen am Schlösslberg an. Teil davon sind auch einige Stationen des Friedenswegs.

Dieser startet unten in Mogersdorf an der Annakapelle und führt ca. 3 km hinauf auf den Hügel bis zum Türkenkreuz und der wiedererrichteten Schlösslkapelle (die alte wurde im 2.WK leider zerstört).

Rund um die Kuppe des Hügels findet man Stationen, die sich mit dem Thema Frieden beschäftigen, etwa ein Spielgerüst mit Hängematte, die Sprüche zum Frieden offenbart, wenn man sich in sie reinlegt und hinauf schaut.

Der Ort für einen solchen Weg ist weise gewählt: Die Schrecken eines Krieges vor Augen, erscheint einem der Frieden gleich umso erstrebenswerter.

Das Kreuz und dahinter die Schlösslbergkapelle |
Das Museum zur Türkenschlacht | Blick zum Parkplatz und zum Stadel

Infobox

Öffnungszeiten: Museum täglich außer Dienstag von 9-18 Uhr, von Mai – August bis 20 Uhr | Weg stets begehbar, Kapelle einsehbar

Eintritt: Ohne Führung frei, 2€ für Schlachtrelief bereithalten, Führung ab 3,50€

Parken: direkt oben am Schlössberg nach dem Stadel

Infos: beim Schlösslverein Mogersdorf *schloesslverein.mogersdorf.at*

64 Bunker aus dem 2. WK

Gleich unterhalb des Schlösslbergs, in Deutsch Minihof, steht ein Zeugnis des 2. Weltkrieges. Selbst heute noch tauchen in seiner Nähe grausame Relikte auf.

Immer wieder begegnet uns im Burgenland die Geschichte des Südostwalls: Eine harte, blutige Grenze, die vor den ankommenden Russen schützen sollte. Beim Bunker erinnern Schautafeln an die Schrecken der Kampftage und die Gräuel des Krieges.

Doch nicht nur der Bunker, der heute durch ein Dach geschützt wird, bliebt aus diesen Tagen übrig. Im Jahr 2015 entdeckte ein Ungar hier menschliche Überreste, vermutlich die eines Soldaten. Ein Jahr zuvor wurde eine Mine im nahe gelegenen Wald gefunden.

Infobox

Anfahrt: Auf der Rosendorfer Landesstraße in Deutsch Minihof abbiegen in Richtung Schlösslberg, nach ca. 100m auf der linken Seite steht ein Schild, von dort noch ca. 50m zum Bunker

Weitere Tipps für die Region

- Über den Friedensweg erreicht man den Schlösslberg in Mogersdorf (S. 126)
- Im Dorf gibt es noch eine alte Brückenwaage zu bestaunen (beim Kriegerdenkmal)

65 Wallfahrtskirche Maria Bild

Der Name ist hier Programm: Ein Bild der Gottesmutter Maria ist die Grundlage der heutigen Wallfahrtskirche im Ort Maria Bild, die immer noch viele Pilgerinnen und Pilger anzieht.

Die Geschichte des Marienbildes ist eine klassische Pilgerstory, die im Jahr 1676 im 550 km entfernten Máriapócs beginnt. Dort schuf ein Dorfmaler ein Marienbild, welches Tränen geweint haben soll. Das wundersame Gemälde wurde in den Stephansdom nach Wien überstellt, wo es heute noch hängt. 1749 gelangte eine künstlerisch aufgewertete Kopie davon nach Weichselbaum, wo sie an einen Baum gehängt wurde. Seither pilgern Menschen zu dem Bild. Das Kloster St. Gotthard ließ eine Kirche an der Stelle bauen, die 1793 geweiht wurde und heute noch die beliebte Wallfahrtskirche ist - mit dem Marienbild innen drin.

Weitere Tipps rund um Maria Bild

Zwei Pilgerwege führen als Rundweg von der Kirche weg:

- Engelweg: 2,2km, 88hm
- Wasserweg: 6,6km, 108hm

Infobox

Die Kirche ist tagsüber geöffnet

Gottesdienste: So 10 Uhr, Di 19 Uhr

Einkehr und Zimmer: LandRastHaus Maria Bild gleich neben der Kirche

66 Paddeln auf der Raab

Von Anfang Mai bis Ende Oktober wird gepaddelt auf dem südlichsten Fluss des Burgenlandes. Dabei entdeckt man den Naturpark Raab mal von seiner nassen Seite - und mit etwas Glück auch von seiner tierischen.

Bereits über 80 Kilometer hat die Raab hinter sich, wenn in Neumarkt in der Nähe von Jennersdorf die Kanus in ihr Wasser gleiten. Ab dort fließt sie über etliche Kilometer unreguliert und frei von Hindernissen in Richtung Ungarn.

Dabei dient sie vielen Tieren als Lebensraum, etwa Graureihern, Eisvögeln und dem Biber. Erstaunlicherweise baut er hier keine Dämme, sondern lebt in Höhlen an den Ufern. Wer in den ruhigeren Zeiten hier unterwegs ist, hat gute Chancen, ihn zu sehen. Oder zumindest das laute „Platsch“ zu hören, wenn er über Rutschen ins Wasser gleitet.

Weitere Tipps für Neumarkt a.d. Raab

- Die Einstiegsstelle ist zugleich auch ein netter Badeplatz im Sommer
- Künstlerdorf Neumarkt (S. 132)
- Gleich ums Eck: Vossen-Outlet

Die Einstiegsstelle für die sogenannte Romantiktour, die vom Naturpark Raab angeboten wird, ist nach dem Kraftwerk in Neumarkt an der Raab, direkt an der Jennersdorfer Straße. Von hier aus geht es auf knapp 4,5 Kilometer eine gute Stunde in Richtung Staatsgrenze, ehe man mit dem Shuttle wieder zur Einstiegsstelle retour gebracht wird - mit vielen schönen Eindrücken aus der Natur im Kopf.

Kinder dürfen ab 4 Jahren mit dabei sein im Boot, Schwimmwestenpflicht gilt aber für alle. Normalerweise ist die Raab recht ruhig und nicht tief, aber einige Regentage können dies schnell ändern.

Wer es gern noch ein bisschen wilder hat, kann auch zweitägige Touren über die Grenze mit Zeltübernachtung buchen oder die Biber-Tour ab Alsószölnök bis Mogersdorf.

Paddeln im Herbst |
An den Ufern rutschen oft die Biber ins Wasser | Die Einstiegsstelle in Neumarkt

Infobox

Tourtage: Mai, Juni, September & Oktober immer Sa um 10 und 14 Uhr, im Juli und August Di, Do & Sa um 10 und 14 Uhr

Kosten: Erwachsene 36€, Kinder bis 16 Jahren 20€ | 15% Rabatt mit BC

Parken: direkt bei der Einstiegsstelle in Neumarkt a.d. Raab

Buchen: Reservierung erforderlich unter +43 3329 / 48 453

67 Künstlerdorf Neumarkt

Das Künstlerdorf in Neumarkt an der Raab wirkt auf den ersten Blick wie ein Mix aus Freilichtmuseum und Ferienanlage. Doch spätestens wenn hier gemalt oder geschustert wird, erkennt man seine wahre Funktion.

Auf der Homepage des Künstlerdorfs wird klargestellt, was es nicht ist: Ein Museum! Besuchen darf man den Ort als Außenstehender trotzdem - zum Glück. Denn sonst würde einem ein hübsches Fleckchen Südburgenland entgehen.

Die Geschichte des Künstlerdorfes führt zurück ins Jahr 1964, als der Maler Feri Zotter ein altes Rauchkuchlhaus vor dem Abriss bewahrte. Der von ihm gegründete Kulturverein machte ein Atelier daraus, weitere alte Gebäude fügten sich ins Ensemble ein. Seither ist es ein Platz, der Kunstschaffenden als Ruheoase und Inspiration dient.

Weitere Infos zum Künstlerdorf:

- 13 Zimmer mit 26 Betten vorhanden
- Zwei der Gebäude stehen außerhalb
- Mit der Kunst-Card (15€/Jahr) gibt es diverse Ermäßigungen auf Kurse etc.

Im Künstlerdorf Neumarkt wurden Bücher geschrieben, Filme gedreht, es wurde Musik komponiert und Gemälde entstanden ebenso wie Schmuck oder Installationen. Es liegt wohl an der ruhigen Seele der Region, dass sich Kulturschaffende das Südburgenland gern zum Leben aussuchen - und eben das Künstlerdorf zum Arbeiten.

Acht historische Gebäude und eine moderne Mediathek bieten das ideale Setting dafür. Von März bis Oktober kann man sich hier einmieten. Im Sommer bietet die Sommerakademie Hobby– und Profikünstlern die Möglichkeit, an ihren Werken zu arbeiten und neue Techniken zu erlernen. Auch Ausstellungen, Konzerte und Kinderworkshops finden sich im Portfolio des Dorfes. Doch auch wenn gerade nichts los ist, lohnt sich ein Besuch: Zum Schauen, zum Atmen, zum Auftanken und Inspirieren lassen.

Das Paulihaus, welches aus Litzelsdorf hierher übersiedelt wurde |
Der Pavillon war früher ein Kino | Eine Ruheoase auf der Kulturwiese

Infobox

Öffnungszeiten: Dauerhaft begehbar, Gebäude nur teilweise zugänglich

Eintritt: frei (außer bei div. Veranstaltungen oder Kursen)

Parken: direkt vor dem Künstlerdorf möglich

Infos: Zum Programm (Kurse, Veranstaltungen) und zu den Zimmern und Ateliers zum Vermieten unter *kuenstlerdorf.net*

68 Mystischer Stoagupf

Am Stoagupf, wie der Steinberg von Grieselstein genannt wird, fährt man unbedacht vorbei, wenn man nicht weiß, was es damit auf sich hat. Er ist ein historisch spannender Platz, der aber etwas im Dornröschenschlaf liegt.

Der Stoagupf ist einer Erhebung von ca. 340 Metern nordwestlich von Jennersdorf und liegt an der steirischen Landesgrenze. Eine Erwanderung des Hügels lohnt sich vor allem wegen seiner Geschichte und seines mythischen Erscheinungsbilds.

Denn: Der Stoagupf ist eines der ältesten Siedlungsgebiete des heutigen Burgenlandes. In Ausgrabungen hat man Reste von Siedlungen aus der Jungsteinzeit entdeckt. Durch die erhöhte Lage spricht man auch von einer Höhensiedlung.

Ursprünglich ist der Stoagupf übrigens ein Vulkankegel.

So weit, so belegt. Nun kommen wir zur mystischen Seite des Hügels.

Da wäre zunächst die Augenquelle, die - wie der Name schon sagt - gegen Augenleiden helfen soll. Bestätigt ist dies nicht, aber wer am Volksglauben hängt, tut sich mit einer Waschung auch nichts Schlechtes. Zumindest ist es als gutes Trinkwasser deklariert.

Funde von mittelalterlichen Keramiken lassen auf eine Burg heroben schließen. Jedoch hat man auch bei den neuesten Grabungen 2018 keine Hinweise auf eine solche gefunden. Somit bleibt die Geschichte, wonach eine hartherzige Burgfrau hier gelebt haben und ob ihrer Frevelhaftigkeit verflucht worden sein soll, infolgedessen auch die Burg versank, wohl nur eine Sage. Ein bisschen gruseln darf man sich aber dennoch, wenn man vom höchsten Punkt runter auf den Ort blickt.

Weitere Tipps für die Region

- Ölmühle Jennersdorf
- Weinbau Lorenz am Tafelberg
- Aussichtsplattform Oberhenndorf

Der Ausblick vom höchsten Punkt des Stoagupf über Grieselstein |
Die Augenquelle | Der Waldweg hoch zur versunkenen Burg

Infobox

Dauer: Rundwanderung vom Gasthaus ‚Zum Breinwirt' - Augenquelle - Stoagupf Gipfel - Richtung Lehenbach hinunter ca. 4,2km und 1:15h Gehzeit

Höhenmeter: ca. 100hm

Parken: Beim Gasthaus Breinwirt bzw. beim Kriegerdenkmal

Hinweis: Der Weg ist schlecht beschrieben, Route auf Bergfex vorhanden

69 Die Römer in St. Martin

Vertreten waren die Römer der Provinz Pannonien an sehr vielen Orten im Südburgenland. Nirgends aber kommt man ihnen so konzentriert auf die Spur wie hier in St. Martin an der Raab.

Über das ganze Südburgenland hinweg finden sich römische Hügelgräber, aber die Siedlungen dazu sind meist unbekannt. Dabei weiß man, dass besonders zwischen dem 1. und 3. Jahrhundert n. Chr. römisches Leben hier existierte. Da viele Gebäude aber vermutlich aus Holz gebaut worden sind, existieren diese nicht mehr.

In St. Martin an der Raab hat man neben einer beachtlichen gemauerten Grabstelle an der römischen Gräberstraße schließlich auch eine Villa entdeckt. In der Nähe der Clement-Mühle gelegen, kann man das Areal auf dem Römerweg sehen.

Weitere Tipps für St. Martin a.d. Raab

- Historischer Glockenturm bei der Feuerwehr in Welten
- Das Dreiländereck (S. 144)
- Essen im Buschenschank Maitz

Sämtliche Funde aus den Gräbern sind im kleinen Römermuseum am Hauptplatz ausgestellt. Dieses ist unter der Woche frei zugänglich.

An der Gräberstraße sollte man auch Halt machen. Diese liegt ebenfalls am 3 km langen Römerweg, man kommt aber auch mit dem Auto vorbei, wenn man die Hauptstraße Richtung Neumarkt fährt, Parkplatz ist vorhanden. Hier finden sich mehrere ausgehobene Grabhügel, in die man hineinschauen kann, sowie ein freigelegtes Grab.

Wer noch nicht genug von den Römern hat, kann sich auch in den umliegenden Wäldern nach Hügelgräbern umsehen, etwa in Rax, zwischen Gritsch und Doiber oder zwischen Oberdrosen und Eisenberg.

Wie rege das römische Leben hier damals war, muss dann der Phantasie überlassen bleiben.

Blick vom Hauptplatz auf Römermuseum und Kirche |
Der Eingang zur Gräberstraße | Hügelgrab im Wald bei Doiber

Infobox

Öffnungszeiten Römermuseum: Mo-Fr 8-18 Uhr, Sa&So evtl. gegen Voranmeldung unter +43 3329/45366 | Führungen Museum & Weg möglich

Eintritt: Museum frei zugänglich, Führung 9€ p.P.

Parken: am Hauptplatz möglich

Infos: zum Römerweg & Co. unter *st-martin-raab.at/?page_id=804*

70 Eisenberg a.d. Raab

Das beschauliche Eisenberg an der Raab liegt erhöht auf den Hügeln zur Staatsgrenze nach Ungarn hin. Obwohl der Ort sehr klein ist, hat er einige interessante Plätze und Begebenheiten zu bieten.

Die Römer, historisches Bauernleben, eine Marienerscheinung und eine entspannte Auszeit: Man würde einem 200-Seelen-Ort so eine Vielfalt fast nicht zutrauen.

Am Fuße der Hügel von Eisenberg an der Raab, das zur Gemeinde St. Martin gehört, fand man zahlreiche Hügelgräber sowie auch Reste einer römischen Villa. Einzelne Gräber sieht man heute noch, die Tafeln an der Landesstraße weisen den Weg.

Ein noch bestehendes Gebäude der Neuzeit ist der Lehmspeicher. Er stammt aus dem 18. Jhd und wurde für Vorräte genutzt.

Weitere Tipps für die Region

- Ein Besuch am Dreiländereck (s.S. 144)
- Ein bisschen Wellnessfeeling für zuhause gibt's im Vossen Outlet in Jennersdorf zu kaufen

Gleich vis-á-vis vom Lehmspeicher befindet sich das Haus der Familie Lex. Hier soll sich 1956 angeblich die Gottesmutter Maria gezeigt und ein Kreuz im Gras hinterlassen haben. Auch aus den Folgejahren sind solche Erscheinungen berichtet, allerdings wurde das Rasenkreuz von der Kirche nicht als Wunder anerkannt. Das hielt aber niemanden davon ab, hier eine Pilgerstätte rund um das Kreuz, das mittlerweile verschwunden ist, einzurichten.

Viel weltlicher geht es einen halben Kilometer weiter südlich zu. Im 4*-Hotel *Das Eisenberg* lassen sich nicht nur wundervolle Hochzeiten, sondern auch entspannte Wellnesstage verbringen.

Das Hotel liegt direkt an zwei Rundwanderwegen, dem Hotelrundweg und dem Hexenweg. Auch der Schmugglerweg ist nicht weit, der einen an das Dreiländereck führt.

Das Herz im Hotel *Das Eisenberg* für die perfekte Fotokulisse | Der historische Lehmspeicher | Das Areal vom Rasenkreuz

Infobox

Dauer: Der Hexenweg führt von Neumarkt in einem 4,5stündigen Rundweg rauf nach Eisenberg inkl. der genannten Spots

Höhenmeter: Eisenberg a.d. Raab liegt auf 332m ü.d.M. | Hexenweg: 216hm

Parken: für den Hexenweg in Neumark beim Künstlerdorf | Wer direkt nach Eisenberg hoch fährt, kann beim Hotel parken (Einkehr inklusive)

71 Märchenwald Mühlgraben

Im südlichsten Teil des Burgenlandes werden auch heute noch die klassischen Märchen erzählt - und das im Wald! Hier haben vor allem die kleinen Gäste ihren Spaß.

15 Stationen mit kleinen Häuschen und Holzfiguren im Wald zeigen berühmte Märchen wie Rapunzel, Schneewittchen & Co. An jeder Station gibt es die Geschichten sicher foliert zum Vorlesen und eine Sitzmöglichkeit daneben zum Lauschen.

Für Bewegung und Spaß sorgen ein Spielplatz, ein Spielwald und ein Piratenschiff, auch für die kleine Verpflegung zwischendurch ist hier gesorgt.

Nach Voranmeldung gibt es auch Lagerfeuer und sogar eine Nachtwanderung.

Infobox

Geöffnet: von Mai bis Ende Okt.: Sa, So & FT | im Sommer täglich

Gruppen jederzeit gg. Voranmeldung

Eintritt: 7,50€ p.P.

Weitere Tipps für die Region

- Tierische Übernachtungsmöglichkeit gleich daneben im Pferdehof Pfaffenriegel
- Der Straußenhof Donner verkauft hübsche Sachen aus Straußeneiern im Hofladen

72 Burgruine Neuhaus

Auf einem erloschenen Vulkanhügel in der südlichsten Gemeinde des Burgenlandes ruhen die Reste einer einst stattlichen Anlage, der Burg Neuhaus am Klausenbach.

Bereits im 12. Jahrhundert dürfte die Burg bestanden haben und ist damit eine der ältesten Wehranlagen im Grenzgebiet von Österreich-Ungarn. Sie gehörte mal den Güssinger Grafen, mal dem ungarischen König und schließlich den Batthyánys.

Obwohl sie stark umkämpft war, geht ihr Verfall nicht auf Kriegshandlungen zurück, sondern auf die Dachsteuer von Josef II. Da die Burg nicht mehr als Adelssitz genutzt wurde, ließ man das einst prächtige Bauwerk verfallen und bediente sich seiner als Steinbruch.

Heute ist nur mehr ein Teil übrig, dafür gibt es eine tolle Aussichtsplattform mit Weitblick.

Weitere Tipps für Neuhaus a. Klausenbach

- Einkehr im Gasthaus Stefanie
- Im Sommer: Neuhaus hat ein nostalgisch aussehendes kleines Freibad
- Schloss Tabor (S. 142)

Infobox

Ruine jederzeit frei zugänglich

Parken: bei der kath. Pfarrkirche, von hier ist es nur ein kurzer, steiler Fußweg

73 Schloss Tabor

Gefühlt mitten im Nirgendwo, gut versteckt zwischen Wäldern und doch schön erhöht, liegt das Schloss Tabor. Als einer der wichtigsten Kulturbetriebe im Südburgenland hat es sich einen bedeutenden Namen gemacht.

Erbaut wurde das Schloss Tabor in der zweiten Hälfte des 15. Jahrhunderts vom Söldnerführer Ulrich Pesnitzer nach dem Vorbild einer Festung der böhmischen Stadt Tábor - daher auch der Name. Interessant ist sein Grundriss: es sieht aus wie ein verkehrtes C.

Seine heutige Form erhielt es aber erst hunderte Jahre später, als es in den Besitz der Batthyánys kam. Es diente als Ersatz für die verfallene Burg Neuhaus. Da sich die Adelsfamilie aber meist in ihren anderen Besitztümern aufhielt, war Schloss Tabor hauptsächlich das Heim der Gutsangestellten.

Weitere Tipps für die Region

Schloss Tabor liegt an der sog. Schlösserstraße. Nur unweit vom Schloss Tabor befinden sich das Schloss Kapfenstein in der Steiermark und das Schloss Grad in Slowenien. Ein Abstecher lohnt sich!

Heute ist das Schloss eine wichtige Kulturinstitution und die Heimat der Oper im Südburgenland unter der Marke JOPERA. 2003 fand mit Mozarts *Zauberflöte* erstmals eine Opernaufführung im Schloss Tabor statt. Seither ertönen jeden Sommer im Innenhof des Schlosses die Arien.

Neben den Opern und Operetten ist es auch eine beliebte Konzertlocation. Aber nicht nur der Hof, sondern auch die Innenräume stehen der Kultur offen. In wechselnden Ausstellungen werden historische und künstlerische Themen des Südburgenlands behandelt. Wenn gerade keine Veranstaltungszeit ist, ist der Innenhof begrünt und am Wochenende hat man dann auch die Gelegenheit, sich dort gemütlich einen Kaffee zu gönnen.

Im Advent verwandelt sich das Schloss Tabor dann in einen zauberhaften Weihnachtsmarkt.

Das Schloss Tabor mit seinem Weingarten |
Der Innenhof des Schlosses | Eine der vielen Ausstellungen

Infobox

Öffnungszeiten: Ausstellungen Di-So 10-16 Uhr, Veranstaltungen bis in den Herbst hinein (versch. Zeiten), Adventmarkt im Dez.

Eintritt: Ausstellungen und Innenhof frei, Tickets für JOPERA zw. 29€ und 89€

Parken: Direkt vor dem Schloss

Infos: Programminfos und Tickets unter *schlosstabor.at*

74 Dreiländereck

Das Dreiländereck zwischen Österreich, Ungarn und Slowenien kann heutzutage als Ort der Völkerverständigung gelten. Mehrere Wege führen an diesen Platz, an dem man mit einem Bein immer in einem Nachbarland steht.

Die Geschichte dieses besonderen geografischen Ortes ist ein Abbild der europäischen Staatsentwicklung. Lag durch den Vertrag von Saint Germain das alte Dreiländereck noch etwa 10 Kilometer weiter südöstlich, so gab es bereits ein Jahr später eine neue Grenze. Durch den Vertrag von Trianon 1920 wurde bestimmt, dass das Burgenland zukünftig zu Österreich gehören sollte, wodurch das heutige Dreiländereck an dieser Stelle entstand.

Seither sind einige Denkmäler und Steine hier aufgeschlagen. Der große, dreieckige Stein markiert dabei genau die Grenze.

Weitere Tipps rund ums Dreiländereck

- Am Schmugglerweg steht ein Mahnmal des Eisernen Vorhangs
- Unweit vom Gasthaus Lang steht der historische Glockenturm Oberdrosen

Im Zuge der EU-Osterweiterung etwa kam eine Tafel der Bürgermeister der drei Grenzgemeinden hinzu, die auf das Einssein der Völker im Sinne des Friedens hinweist.

Zum Dreiländereck führen von österreichischer Seite drei kurze Wanderwege. Der kürzeste ist jener vom Ortsende von Oberdrosen aus (ca. 1/4 Stunde). Auch von Eisenberg gelangt man entlang des Schmugglerweges in 90 Minuten hierher. Oder man nimmt des Weg vom Gasthaus Land in Kölbereck aus und gelangt über den Grenzweg zu Slowenien in ca. 40 Minuten hierher.

Ist man am Dreiländereck angelangt, kann man ohne weiteres nach Ungarn oder Slowenien weiterwandern in eines der Grenzdörfer. Interessanter Fun-Fact: Der Grenzstein ist zugleich der westlichste Punkt Ungarns.

Der Punkt des Dreiländerecks |
Der Weg an der slow. Grenze | Zahlreiche Wanderwege führen hierher und weiter

Infobox

Dauer: je nach Weg geht man zwischen 15 und 90 Minuten

Höhenmeter: je nach Weg zwischen 50 und 100hm

Parken: entweder beim Hotel Das Eisenberg, rund ums Ortsende Oberdrosen Süd oder beim Gasthaus Land in Kölbereck

Infos: Die Wege sind gut beschildert und auf Bergfex zu finden

75 Ganz im Süden

Im südlichsten Südburgenland, ganz unten, tut sich nochmal ein Stück Grenzgeschichte auf. Wo früher drei Staaten aufeinandertrafen, erinnern heute nur mehr Steine und Schilder daran.

Zwischen dem burgenländischen Kalch, dem steirischen Sichauf und dem slowenischen Ocinje befindet sich das alte Dreiländereck. Bis 1919 lag hier die Staatsgrenze zwischen Österreich, Ungarn und Slowenien. Jene zu Slowenien ist geblieben, die zu Ungarn ist gut 15 Kilometer nach Osten gewandert. Was früher Staatsgrenze war, ist heute Landesgrenze zwischen dem Burgenland und der Steiermark.

Dieses alte Dreiländereck ist ein guter Rast– oder Zielpunkt einer Wanderung, Bänke und ein Tisch sind vorhanden. Und auch ein spannendes Relikt steht hier: ein Maria-Theresien-Stein.

Weitere Tipps für Kalch

- Kürbiskernöl kaufen: Bei Kürbiskernöl Wolf oder beim Kernölpepi
- Ca. 2km in östliche Richtung ist der slow. Aussichtspunkt Serdiški breg

Dieser alte Grenzstein steht markant am Hügelrücken und stammt - wie der Name schon sagt - aus der Zeit Maria Theresias Herrschaft. Sie ließ im Zuge einer großen Staatsreform alle Grenzen genau vermessen und markieren. Und so finden sich heute entlang der steirisch-burgenländischen Grenze etliche solcher alten Blöcke wie der hier aus dem Jahr 1756.

Im Jahre 1919 wurde es dann angesichts des Vertrags von St. Germain Zeit für einen neuen Stein. Das heutige Prekmurje wechselte damals von Ungarn in den Staat der Slowenen, Kroaten und Serben.

Dieser Grenzpunkt ganz im Süden liegt an mehreren Weitwanderwegen: dem Ostösterreichischen Grenzlandweg, dem Burgenländischen Grenzlandweg und am Steirischen Landesrundwanderweg.

Ganz im Süden ist die Grenze immer allgegenwärtig |
Das alte Dreiländereck (Maria-Theresien-Stein) | Ein Grenzstein aus 1919

Infobox

Dauer: Fußweg vom Ortszentrum Kalch ca. 35 Min., von Sichauf ca. 15 Min.

Höhenmeter: Der Grenzpunkt liegt auf 340m Seehöhe

Parken: Für eine Wanderung hierher in Kalch neben dem Landgasthof Wallner | Zufahrt mit dem Auto bis zum Buschenschank Hakl, anschließend Fußweg 5-10 Minuten

Zu guter Letzt

75 Ausflugsziele sind es also geworden - von Orten, die man auf sich wirken lassen muss bis hin zum interaktiven Museum, vom Weingarten bis ins kühle Nass. Wenn also noch einmal jemand sagt, dass es im Südburgenland nichts zu sehen und zu erleben gibt, dann darf man ihm gerne dieses Büchlein unter die Nase halten.

Ich bin auf meinen vielen Reisen immer ein Fan davon, die Regionen mit ihren Menschen, Traditionen und Lebensumständen kennen und verstehen zu lernen. Durch die Geschichte eines Landes erklärt sich vieles, und durch die Gegenwart wird Geschichte greifbar. Keine Sehenswürdigkeit, kein markanter Ort, ja nicht mal eine Speise existiert „einfach so“, sondern transportiert immer eine Botschaft vergangener Zeiten. Ohne einen historischen Kontext ist alles, was man von einem Ort sieht, nichts mehr als ein statisches Bild, das schnell wieder vergessen wird.

Versucht man aber einzutauchen in das große Ganze, zu verstehen, warum die Dinge so sind wie sie sind, dann entwickeln sich Gefühle. Historischer Kontext sind nicht bloß kalte Fakten, das sind wahrlich Geschichten, die durchaus auch mal Wut, Entsetzen, Mitleid, Bewunderung oder Staunen hervorrufen. Es ist die Farbe und das Leben, das in die Bilder kommt.

Wenn Sie - liebe Leserin, lieber Leser - nun durchs Südburgenland fahren, gehen, radeln oder paddeln, so seien Sie auch offen für die vielen Geschichten, die dieser kleine Streifen Land erzählt. Manches liegt weit zurück, wie etwa die Zeit der Hügelgräber, einiges ist noch keine hundert Jahre her, und stellenweise finden wir auch Zeugnisse aktueller Geschichtsschreibung. Und so kann eine kleine Blume Überlebende einer verfehlten Agrarwirtschaft und Bebauungspolitik sein, oder ein Stein ein stummer Zeuge alter Grenzen.

Ich habe in diesem Buch versucht, die 75 Ausflugsziele nicht einfach nur aufzuzählen und zu beschreiben, sondern auch, ihren Hintergrund zu erzählen. Dass dieses Unterfangen nur unzureichend ausgeführt werden konnte, liegt auf der Hand. Zu wenig Platz ist in den Zeilen. Über die kleinen und großen Geschichten des Südburgenlands könnte man Bände füllen. Daher liegt es in Ihrer Verantwortung, an meine kurzen Hinweise anzuknüpfen und sich die Geschichten weiter erzählen zu lassen: von den Museen, ortskundigen Führerinnen und Führern, Schautafeln oder den Menschen vor Ort.

Denn auch davon lebt eine touristische Region: von ihren Einwohnerinnen und Einwohnern. Ohne diese ist sie bloß eine Kulisse, ein seelenloses Disneyland. Es gibt Gegenden auf dieser Erde, da sucht man Einheimische beinah vergebens, und wenn man sie findet, sind sie genervt von den Massen an Touristen, die in ihr Zuhause einfallen und mit ihnen billiger Ramsch. Das wird einem im Südburgenland nicht passieren. Hier ist man als Besucher und Besucherin nicht unter sich, hier ist man mittendrin. Zum Buschenschank und zu den Festen gehen auch alle gern, die hier wohnen.

Und sollten Sie eine Südburgenländerin oder ein Südburgenländer sein, so brauche ich Ihnen nicht viel erzählen über die Gemütlichkeit und Offenheit Ihrer Landsleute. Ich will Ihnen dann einfach ans Herz legen, Ihre Heimat neu zu entdecken, am besten mit der Brille der eigenen Geschichte. Die Zeiten hier waren lange hart, das Leben schwer. Für große Tourismusprojekte war keine Zeit. Wir waren immer irgendwie „hinten nach", wenn es ums Verkaufen der eigenen Schönheit ging. Doch jetzt ist die Zeit mehr als reif, sich zu zeigen und froh zu sein über all die Schätze, die unser Südburgenland bietet.

Ich hoffe also, dieses Buch hilft jeder und jedem - egal ob von nah oder fern - diese Besonderheiten zu entdecken und neugierig zu machen auf mehr.

Ihre Barbara Horvatits-Ebner

Danksagung

Kein solches Buch kann entstehen ohne Menschen, die mithelfen es zu verfassen. Das fängt bei der Planung und Recherche an und hört bei der Korrektur auf. Ich möchte daher diese letzten Seiten nutzen, um diesen Menschen danke zu sagen.

Allen voran danke ich meiner Mutter, die mich nicht nur auf vielen Recherchefahrten begleitet hat, sondern mir auch unzählige Male ihr Auto geliehen und einige Kontakte hergestellt hat. Ich habe festgestellt, dass sie über erstaunliche Reflexe verfügt, denn sobald ich „Stopp!“ gerufen habe, weil sich irgendwo wieder interessante Abzweigungen auftaten, ist sie auf Kommando auf die Bremse gestiegen. Nur gut, dass es im Südburgenland nicht allzu dichten Verkehr gibt.

Natürlich muss ich auch meinem Ehemann danken, allen voran für seine Geduld und Zeit. Bei einigen Erkundungen war er dabei, das meiste habe ich aber ohne ihn recherchiert und war dementsprechend oft nicht zuhause. Auch das Schreiben verlangte einiges an Unterstützung ab, da es gar nicht so leicht ist, ein Buch mit einem Baby nebenan zu finalisieren. Ich konnte mir die Zeit also nur deshalb so gut freischaufeln, weil er für Haus, Kater und Kind da war.

Meine liebe Freundin Betty muss ich - wie schon bei meinem ersten Buch - wieder in vollster Dankbarkeit erwähnen. Sie erinnerte mich nicht nur ständig ans Weitermachen, sondern durfte auch wieder die Endfassung korrigieren. Und trotz mehrmaliger vorheriger Korrektur hat sie immer noch Fehler gefunden. Sie ist ein Fuchs.

Auch bei meinen Testleserinnen und Testlesern möchte ich mich recht herzlich bedanken. Sie haben dem ganzen den nötigen Schliff gegeben und zahlreiche Fehler ausgemerzt. Ich habe versucht, die Anregungen so gut es ging umzusetzen und hoffe, dass mir das gut gelungen ist!!

Zum Schluss muss ich mich natürlich bei den vielen Betreiberinnen und Betreibern der Ausflugsziele, Guides, Bürgermeistern und Unternehmerinnen und Unternehmern bedanken. Durch ihr Mitwirken kam ich zu den notwendigen Infos und entdeckte Plätze, die ich so nicht am Schirm gehabt hätte. Ich weiß, dass jemand wie ich, die gern mal spontan wo aufkreuzt und dann noch viele Fragen stellt, durchaus nerven kann. Danke, dass ich das nie zu spüren gekriegt hab, sondern im Gegenteil immer noch ganz kurzfristig herumgeführt wurde.

Ach, und nicht zu vergessen noch ein großes Dankeschön an Sie, liebe Leserin und lieber Leser. Für Sie habe ich das Buch ja geschrieben und freue mich daher, dass Sie es jetzt in den Händen halten. Es wäre ausgesprochen nett, wenn Sie mir eine gute Bewertung auf der Plattform Ihrer Wahl hinterlassen würden. Sollten Preise oder Öffnungszeiten nicht mehr stimmen oder Ihnen sonst irgendwelche Fehler auffallen, wäre ich Ihnen für eine kurze Meldung per Mail (kontakt@reisepsycho.com) dankbar - dann kann ich es für die nächste Auflage korrigieren.

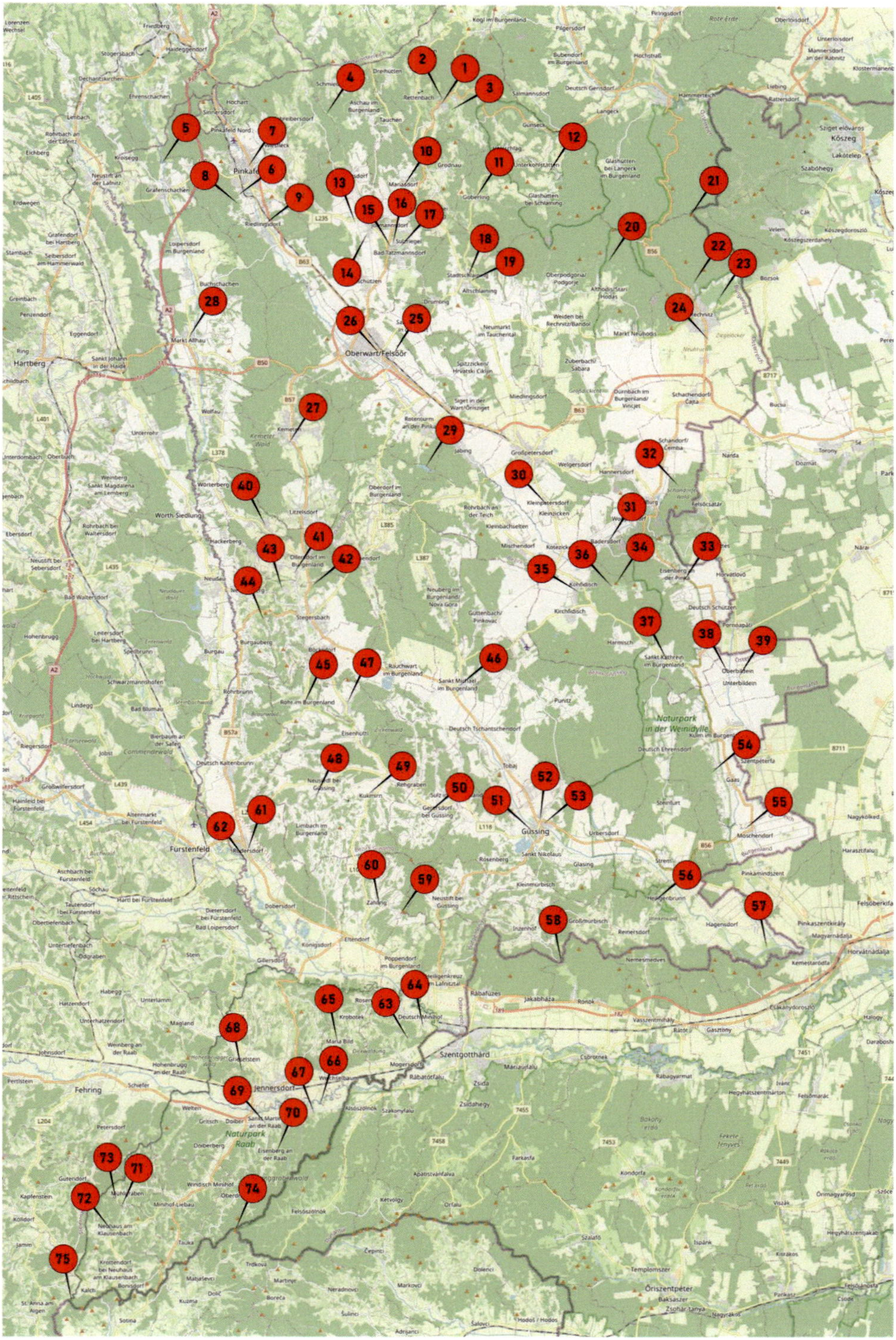

1
2
3
4
5
6
7
8
9
10
11
12
13
14
15
16
17
18
19
20
21
22
23
24
25
26
27
28
29
30
31
32
33
34
35
36
37
38
39
40
41
42
43
44
45
46
47
48
49
50
51
52
53
54
55
56
57
58
59
60
61
62
63
64
65
66
67
68
69
70
71
72
73
74
75
Pinkafeld
Oberwart/Felsőőr
Hartberg
Kőszeg
Fürstenfeld
Güssing
Szentgotthárd
Jennersdorf
Fehring
Naturpark in der Weinidylle
Naturpark Raab

Zeitfracht Medien GmbH
Ferdinand-Jühlke-Straße 7,
99095 - DE, Erfurt
produktsicherheit@zeitfracht.de

FSC
www.fsc.org
MIX
Papier | Fördert
gute Waldnutzung
FSC® C083411